Ons Geld

Naar een nieuw geldsysteem

Eerste editie

© 2015 Frans Doorman. All rights reserved.

ISBN: ISBN 978-1-329-06889-6

This work is licensed under the Creative Commons Attribution-NonCommercial-NoDerivs 2.0. To view a copy of this license, visit http://creativecommons.org/licenses/by-nc-nd/3.0/

Trefwoorden: geld, geldsysteem, monetair systeem, geldschepping, geldcreatie, economische crisis, financiële crisis, private geldschepping, banken, publieke geldschepping, financiering, duurzame ontwikkeling

Gepubliceerd bij Lulu internet publishers: www.lulu.com

Ons Geld – Naar een Nieuw Geldsysteem

Ons Geld

Naar een nieuw geldsysteem

Frans Doorman

Stichting Ons Geld

Citaten

Commercial banks create checkbook money whenever they grant a loan, simply by adding new deposit dollars in accounts on their books in exchange for a borrower's IOU. Federal Reserve Bank of New York; Friedman, David H. (1977). *I Bet You Thought....*, p. 19. OCLC 5356154.

Whenever a bank makes a loan, it simultaneously creates a matching deposit in the borrower's bank account, thereby creating new money. Bank of England (2014), *Money creation in the modern economy*. http://www.bankofengland.co.uk/publications/Documents/quarterlybulletin/2014/qb14q102.pdf.

The process by which banks create money is so simple that the mind is repelled. John Kenneth Galbraith, *Money: Whence it came, Where it Went* (1975), p. 29.

The study of money, above all other fields in economics, is one in which complexity is used to disguise truth or to evade truth, not to reveal it. John Kenneth Galbraith, *Money: Whence it came, where it went* (1975), p. 15.

Dankwoord

Met dank aan Martijn-Jeroen van der Linden, Lou Keune, Roelf Haan, Socrates Schouten en Luuk de Waal Malefijt, wiens kritische blik, commentaar en suggesties de inhoud van dit boekje een stuk verbeterd hebben.

Inhoudsopgave

VOORWOORD: OVER DIT BOEKJE 9
SAMENVATTING 11

1. **GEBREK AAN GELD** 15

   PROBLEMEN: ECONOMISCH, SOCIAAL, MILIEU 15
   GEBREK AAN GELD 15
   GELD BIJMAKEN? 16
   BEGRIP VAN DE WERKING VAN ONS GELDSYSTEEM 16
   VRAGEN DIE WE ONS MOETEN STELLEN 17

2. **WAT IS GELD?** 19

   WAT IS GELD? 19
   GELD ALS RUILMIDDEL EN REKENEENHEID 19
   GELD ALS MIDDEL OM TE SPAREN 19
   DE BASIS VAN GELD: VERTROUWEN 20

3. **WAT HEBBEN WE VAN GELD GEMAAKT?** 21

   GELD ALS MAGIE 21
   HET GROTE ANGSTBEELD: (HYPER)INFLATIE 21
   ECONOMISCHE WETTEN: DE GELDHOEVEELHEIDS-THEORIE 21
   WAAROM OVERHEDEN GEEN GELD SCHEPPEN 22
   GELD, ECONOMISCHE THEORIE EN SPECULATIE 22
   DENKEN OVER ONS GELDSYSTEEM: ALLEEN DE EXPERTS 23
   MENINGSVORMING: DE VERGELIJKING MET KERNENERGIE 23
   HET GELDSYSTEEM ALS GEGEVEN 23
   GELD ALS SCHAARS GOED 24
   IETS VOOR NIETS? 24

4. **HOE WORDT GELD GECREËERD?** 27

   HOE GELD GEMAAKT WORDT 27
   BANKIEREN: EEN LUCRATIEVE BUSINESS 28

5. **WAAROM GELDCREATIE DOOR PRIVATE BANKEN?** 29

   EEN ERFENIS VAN DE GESCHIEDENIS 29
   EEN EFFECTIEVE LOBBY 29
   EEN KWESTIE VAN VERTROUWEN 30

6. **NADELEN VAN HET HUIDIGE SYSTEEM** 31

PRIVATE GELDSCHEPPING: VAN CRISIS NAAR CRISIS 31
PRIVATE BANKEN: EEN REM OP GELDSCHEPPING? 32
DIT GELDSYSTEEM: GEEN UITWEG UIT DE CRISIS 33
GELD GAAT NAAR DE VIRTUELE ECONOMIE 33
BANKIEREN: SOCIALISME VOOR DE RIJKEN 34
PRIVATE GELDCREATIE: ECONOMISCHE PIEKEN EN DALEN 35
EEN KLEINE GROEP BEVOORRECHTEN PROFITEERT 35
BANK FAILLIET, GELD KWIJT 36
KREDIETVERLENING, RENTE EN SCHULD 36
SCHULD LEIDT TOT GROEIDWANG 37
GROEIDWANG EN EINDIGE HULPBRONNEN 38
HET HUIDIGE GELDSYSTEEM EN EINDIGE HULPBRONNEN 38
GELDCREATIE ALLEEN VOOR WINSTGEVENDE ACTIVITEITEN 39
DE OVERHEID ALS PARASIET 39
BEVORDERING VAN ARMOEDE EN VERPAUPERING 40
VOORDELEN VAN PRIVATE GELDCREATIE? 40
VERDEDIGING VAN HET HUIDIGE SYSTEEM 41

7. HOE KAN HET BETER? 45

HET ALTERNATIEF: PUBLIEKE GELDSCHEPPING 45
PUBLIEK OF PRIVAAT BANKIEREN? 46
VOORDELEN VAN PUBLIEKE GELDSCHEPPING 47
EEN EINDE AAN GROEIDWANG 48
EEN STABIELERE ECONOMIE 48
MINDER SPECULATIE, GEEN BELASTINGGELD NAAR BANKEN 49
MINDER RISICO'S, SPAARGELD VEILIG 49
TRANSPARANTIE 50
PUBLIEKE GELDSCHEPPING: VRAAG- EN KOSTENINFLATIE? 50
VOORKOMING VAN VRAAG- EN KOSTENINFLATIE 52
DE TRANSITIE 53
MANDAAT VAN DE MONETAIRE AUTORITEIT 53
HOE HET GELD IN DE ECONOMIE GEBRACHT WORDT 54

8. OBSTAKELS EN OPLOSSINGEN 55

INFLATIEFOBIE 55
PRIVATE GELDSCHEPPING: EEN ECONOMISCH DOGMA 56
DE WERKELIJKE OORZAAK VAN INFLATIE 56
VERTROUWEN BEHOUDEN 57
KAN TRANSITIE IN ÉÉN LAND? 58
PSYCHOLOGISCHE OBSTAKELS 59
OVERWINNEN VAN PSYCHOLOGISCHE BARRIÈRES 59
INVLOED VAN DE BANKEN: GELD IS MACHT 60

ECONOMISCH DOGMA BESCHERMT FINANCIËLE SECTOR 62
DE MACHT VAN DE FINANCIËLE SECTOR DOORBREKEN 62
ONZE GROOTSTE FOUT 65

9. WAT TE DOEN? 67

HET OPENEN VAN HET DEBAT 67
DISCUSSIE OP BASIS VAN ARGUMENTEN 67
EEN ZWARE STRIJD 68
GELD IS NIET MOEILIJK 69
DOELGROEP VAN DE DISCUSSIE: POLITICI 69
DE TRANSITIE: DE PLANNEN MOETEN KLAAR LIGGEN 69
EEN ROL VOOR ECONOMEN? 70

NAWOORD: GELDSCHEPPING EN DUURZAME ONTWIKKELING 73

GELDSCHEPPING VOOR DUURZAAM: EEN POLITIEKE KEUZE 73
GELDCREATIE EN NIET-DUURZAME CONSUMPTIE 74
EEN TOTAALBENADERING 75
TRANSITIE NAAR DUURZAAM: MET OF ZONDER GROEI? 76
EERST GROEI DOOR INVESTERINGEN, DAN EEN STAP TERUG 77
DE NOODZAAK VAN GROEI DOOR INVESTERINGEN 78

ANNEX: NETWERKEN, LEZEN, EN KIJKEN 79

ORGANISATIES 79
ARTIKELEN 81
VIDEOS 83
BOEKEN EN RAPPORTEN 84
TECHNISCHER PUBLICATIES 89

VOORWOORD: OVER DIT BOEKJE

Er bestaan veel misverstanden over geld en ons monetair systeem, of makkelijker, geldsysteem. Beide worden door de meeste mensen als een gegeven gezien, een soort natuurverschijnsel dat we niet kunnen veranderen en daarom maar moeten accepteren zoals het is. Ofwel, geld en het geldsysteem worden, zelfs door veel experts, niet of onvoldoende gezien als iets dat door de mens gemaakt is, en dat daarom in principe naar believen door diezelfde mens, door de maatschappij, veranderd kan worden. Toch kan dat wel. Als samenleving kunnen we nieuwe afspraken maken over geld en ons geldsysteem op een andere manier inrichten. Waarom dat nodig is, is één van de dingen die wordt uitgelegd in dit boekje.

Zelfs de specialisten, economen en bankiers, geven vaak een verkeerde uitleg van geld. Dat is niet echt verwonderlijk: de Bank of England heeft onlangs gesteld dat ook veel economische leerboeken een verkeerde uitleg geven.[1] In dit boekje proberen we in helder Nederlands op zo eenvoudig mogelijke wijze het huidige geldsysteem en de wordingsgeschiedenis daarvan uit te leggen, inzicht te geven in de problemen van het systeem, en een alternatief aan te dragen.

Dit boekje geeft ook aan hoe het huidige geldsysteem ons belemmert in de aanpak van onze economische, sociale en ecologische problemen, en deze zelfs verergert. Het geeft aan hoe het beter kan, en waarom zo'n beter alternatief op dit moment nauwelijks wordt overwogen. En het beschrijft waarom het voorgestelde alternatief nodig is voor de omschakeling naar een economie en maatschappij die op duurzame wijze gebruik maken van de natuurlijke hulpbronnen.

Dit boekje is bestemd voor een breed publiek. Dat zijn niet alleen mensen die zich op één of andere wijze met dit onderwerp bezig

---

[1] http://www.bankofengland.co.uk/publications/Documents/quarterlybulletin/2014/qb14q102.pdf

houden, maar iedereen met interesse in de oplossing van onze maatschappelijke problemen. Mensen die zich zorgen maken over de gevolgen van de economische crisis, over sociale problemen zoals groeiende economische onzekerheid, ongelijkheid, en armoede, en over milieuproblemen als de aantasting van het milieu, het opraken van natuurlijke hulpbronnen, en klimaatverandering. Mensen die, ook al zien ze niet direct problemen voor zichzelf, zich betrokken voelen bij de toekomst van hun kinderen en toekomstige generaties.

Het streven van dit boekje om bij te dragen aan de totstandkoming van een nieuw geldsysteem staat niet op zich. Zowel in Nederland als in andere landen, met name Engeland en de Verenigde Staten, zijn er groepen en organisaties mee bezig. Het streven is ook niet nieuw. Een concept voor een ander geldsysteem vergelijkbaar met dat geschetst in dit boekje, het Chicago Plan, is in het verleden zelfs al bijna ingevoerd in de Verenigde Staten.[2] De meest vooraanstaande financiële organisatie, het Internationaal Monetair Fonds (IMF), heeft een rapport gepubliceerd waarin het Chicago Plan wordt besproken en de effecten ervan worden doorgerekend – met (zeer) positieve conclusies.[3] Toch is er nog een lange weg te gaan voordat het huidige geldsysteem en het nadenken over een beter alternatief op de politieke en publieke agenda staat. Dit boekje hoopt bij te dragen aan die agendering. Niet alleen om de problemen en onrechtvaardigheden die voortvloeien uit het huidige systeem het hoofd te bieden, maar vooral omdat verandering van het systeem cruciaal is voor de aanpak van de economische, sociale en milieuproblemen waar onze maatschappij zich voor gesteld ziet.

---

[2] De bankenlobby slaagde er uiteindelijk toch in de uitvoering van het Chicago Plan door de regering Roosevelt tegen te houden.

[3] *The Chicago Plan Revisited*, Jaromir Benes and Michael Kumhof, 2012, IMF Working Paper,
http://www.imf.org/external/pubs/ft/wp/2012/wp12202.pdf

SAMENVATTING

De inhoud van dit boekje laat zich in de volgende dertien stellingen samenvatten:

1) **Het huidige geldsysteem blokkeert de aanpak van maatschappelijke problemen en een uitweg uit de crisis.**

De technologische kennis, arbeid en het productief vermogen om onze maatschappelijke problemen aan te pakken bestaan grotendeels of kunnen op korte termijn ontwikkeld worden. Dat die aanpak nauwelijks plaats vindt is omdat de overheid er onvoldoende geld voor heeft. Dat tekort is een direct gevolg van ons huidige geldsysteem. Zo verhindert het huidige geldsysteem de aanpak van onze grootste maatschappelijke problemen en een uitweg uit de crisis.

2) **Geld hoeft niet schaars te zijn.**

Geld is een ruilmiddel, rekeneenheid en spaarmiddel. Het is iets kunstmatigs, iets waarvan we hebben afgesproken dat het een bepaalde waarde vertegenwoordigt. Omdat het meeste geld virtueel is, dat wil zeggen niet fysiek bestaat maar alleen voorkomt in de databanken van computers, kan het in principe naar believen worden bijgemaakt.

3) **Geld als obstakel voor de aanpak van maatschappelijke problemen is irrationeel.**

Ons wordt voorgehouden dat gebrek aan geld het grote probleem is voor de aanpak van de ecologische, economische en sociale problemen van onze maatschappij. Dat is irrationeel: omdat geld in principe naar believen kan worden bijgemaakt zou gebrek eraan nooit een obstakel moeten zijn om onze maatschappelijke problemen op te lossen.

4) **De baten van geldcreatie, die nu voor private banken zijn, zouden eigenlijk ten goede moeten komen aan de maatschappij.**

Bijna al ons geld wordt gecreëerd door private banken, zoals in Nederland de ABNAMRO, ING en RABO. Dat gebeurt uit het niets, door een boekhoudkundige handeling die plaatsvindt als een bank een lening verstrekt. Het privilege om op die manier geld te mogen scheppen levert banken baten op die eigenlijk ten goede moeten komen aan de hele maatschappij.

5) **Het huidige geld systeem lijdt tot instabiliteit en verschulding.**

Het huidige systeem van geldcreatie leidt tot instabiliteit en crises. Private banken scheppen teveel geld als het goed gaat, en te weinig als het minder gaat en de economie juist geld nodig heeft. Private geldcreatie is onlosmakelijk verbonden met renteheffing. Dat leidt tot groeiende schulden die bij een inzinking onbetaalbaar worden.

6) **Het huidige geldsysteem leidt er toe dat er geen geld is voor het oplossen van maatschappelijke problemen en investeringen in duurzaamheid.**

Er wordt alleen geld gecreëerd voor wat banken en hun klanten belangrijk vinden, maar niet voor bredere maatschappelijke doelen. Daarvoor moet de overheid belasting heffen of geld lenen. Door bestaande verplichtingen en hoge schulden, vooral door het redden van banken tijdens de financiële crisis, is er te weinig geld voor uitgaven in het algemeen belang.

7) **Geldcreatie door private banken leidt tot een opeenvolging van crises.**

Private banken stonden aan de basis van de financiële crisis van 2008. Centrale banken proberen de daarop volgende economische crisis op te lossen door de banken te stimuleren meer geld uit te lenen. Veel van dit geld wordt gebruikt voor speculatie, omdat private banken en andere financiële spelers denken daarmee meer winst te kunnen maken. Zo legt de financiële sector, met ongewilde steun van de centrale banken, de basis voor de volgende crisis.

8) **Publieke geldcreatie is een logisch en aantrekkelijk alternatief voor geldcreatie door private banken.**

Overheden hebben vrijwel geen greep op geldcreatie en distributie. Dit is een democratisch tekort en gaat ten koste van het algemeen belang. Geldcreatie is een nutsfunctie die onder controle van de overheid moet staan. Geldcreatie door de staat, door een onafhankelijke monetaire autoriteit, is een logisch en aantrekkelijk alternatief voor geldcreatie door private banken. In zo'n systeem zou nieuw geld schuldvrij in de economie worden gebracht.

9) **Publieke geldcreatie heeft grote voordelen, waaronder schuldvermindering, meer ruimte voor overheidsinvesteringen, minder economische pieken, dalen en crises.**

Publieke geldcreatie zou zowel publieke als private schulden verminderen. Het zou economische pieken en dalen, speculatie en daarmee, de kans op nieuwe financiële crises verminderen. Het zou meer mogelijkheden geven om inflatie en deflatie te bestrijden. Het zou de overheid veel ruimere middelen verschaffen zonder dat daar hogere belastingen of schulden voor nodig zouden zijn.

10) **Publieke geldcreatie kan groeidwang verhelpen.**

Geldcreatie door de overheid zou de dwang tot economische groei wegnemen. Die komt voort uit de noodzaak de met private geldcreatie samenhangende schulden terug te betalen met rente. Bij door de overheid schuldvrij gecreëerd geld verdwijnt die noodzaak, en kan de weg worden geopend naar een economie en maatschappij gebaseerd op een duurzaam gebruik van eindige hulpbronnen.

11) **Geldcreatie voor het oplossen van maatschappelijke problemen is een politieke keuze.**

Publieke geldcreatie zou veel meer ruimte geven voor investeringen in het algemeen belang. Kiezer en politiek moeten echter wel voor zo'n besteding kiezen: men kan de baten van publieke geldschepping ook gebruiken voor (nog meer) niet-duurzame consumptie en het daarmee nog sneller opsouperen van eindige hulpbronnen.

12) Het geloof in de markt belemmert het zoeken naar alternatieven voor het huidige geldsysteem.

Een groot obstakel voor de hervorming van het geldsysteem is de gangbare economische wetenschap. Het geloof dat het marktmechanisme voor de juiste geldhoeveelheid zorgt leidt er toe dat het huidige geldsysteem niet ter discussie wordt gesteld. Zo sterk is dat geloof dat zelfs de enorme problemen veroorzaakt door de crisis van 2008 geen stimulans zijn om naar alternatieven te kijken.

13) De noodzaak van een debat over een nieuw geldsysteem.

Er moet een debat komen over het huidige geldsysteem en over het alternatief: publieke geldcreatie. Politieke partijen maar ook het maatschappelijk middenveld, zoals vakbonden, milieu- en andere ideeële en belangenorganisaties, zouden op zo'n debat aan moeten dringen.

1. GEBREK AAN GELD

Problemen: economisch, sociaal, milieu

De afgelopen honderd jaar hebben we een ongekende ontwikkeling gezien, vooral door een zich steeds verder ontwikkelende technologie. Als gevolg daarvan hebben nog nooit zoveel mensen het zo goed gehad. Toch staan onze maatschappij en de mensheid als geheel voor grote problemen. Sinds de jaren tachtig van de vorige eeuw zijn de lagere en middeninkomens nauwelijks meer gestegen, ondanks het feit dat technologie en productiviteit zich zijn blijven ontwikkelen. De baten van deze ontwikkeling zijn vooral gegaan naar het bedrijfsleven – met name grote beursgenoteerde ondernemingen – en de hoogste inkomens. Dat leidt tot een steeds grotere en nog altijd groeiende kloof tussen arm en rijk. En er is hardnekkige werkloosheid, vooral na de crisis van 2008, en afnemende bestaanszekerheid, met alle sociale en psychologische gevolgen van dien. Daar bovenop komen de verschraling en hogere kosten van publieke sociale voorzieningen als zorg en onderwijs.

Bij deze economische en sociale problemen komen de enorme uitdagingen ten aanzien van ons leefmilieu: klimaatverandering, het opraken van natuurlijke hulpbronnen, teloorgang van de natuur, vervuiling, groeiende watertekorten. Problemen waarvan we nu de effecten al merken, vooral door extremer weer, maar waar we op de langere termijn nog veel harder door geraakt zullen worden. Om dat te voorkomen moeten ze zo snel mogelijk aangepakt worden.

Gebrek aan geld

Een sleutelelement bij al deze problemen is geld. Vraag onze politici om een effectieve aanpak van klimaatverandering: geen geld. Investeren in energiebesparing en duurzame energie: geen geld. Natuur en milieu: geen geld. Maar ook: beter en goedkoper onderwijs: geen geld. Werkgelegenheidsprogramma's: geen geld. Met andere woorden: er is, althans op dit moment, geen geld voor die dingen die belangrijk zijn voor de kwaliteit van leven en voor toekomstige generaties, zoals goede sociale voorzieningen, een schoon milieu en goed omgaan met natuurlijke hulpbronnen.

Geld bijmaken?

Goed beschouwd is het raar dat we allerlei belangrijke problemen niet aanpakken door gebrek aan geld. Geld kan in principe immers naar believen worden bijgemaakt. Het meeste geld is giraal geld: het bestaat niet eens fysiek. Tastbaar geld, munten en bankbiljetten, vormt maar een paar procent van de totale geldhoeveelheid. De rest is virtueel: het bestaat alleen in de geheugens van computers. In principe kunnen we daar zoveel van bijmaken als we nodig hebben.

In de praktijk zijn er beperkingen aan geld bijmaken. Die hebben onder meer te maken met de hoeveelheid goederen en diensten die de economie kan produceren. Maar als er, zoals na de crisis, veel minder wordt geproduceerd dan mogelijk is dan zou het logisch zijn geld te creëren waarmee die ongebruikte productiecapaciteit kan worden ingezet om onze maatschappelijke problemen aan te pakken. Dat zou een groot bijkomend voordeel hebben: de daarmee gepaard gaande investeringen en banen zouden ons uit de crisis helpen.

Toch gebeurt dat niet of onvoldoende. Productiecapaciteit blijft onbenut, problemen worden niet of onvoldoende aangepakt, en de crisis woekert voort. Bedrijven gaan failliet en de werkloosheid blijft hoog. De verklaring daarvoor ligt bij de manier waarop op dit moment geld geschapen wordt: bij het huidige geldsysteem.

Begrip van de werking van ons geldsysteem

Het concept van geld en de manier waarop ons geldsysteem werkt worden vaak niet goed begrepen. Dat geldt niet alleen voor de doorsnee burger: zelfs specialisten, zoals economen en bankiers, geven vaak een verkeerde uitleg. De Engelse centrale bank, de Bank of England, stelde onlangs dat veel economische leerboeken een verkeerde uitleg geven over hoe geld gecreëerd wordt.[4]

---

[4]

http://www.bankofengland.co.uk/publications/Documents/quarterlybulletin/2014/qb14q102.pdf

Zonder inzicht in hoe het huidige geldsysteem werkt is een discussie over of en hoe we ons geldsysteem moeten verbeteren onmogelijk. Daarom proberen we in dit boekje uit te leggen hoe het huidige geldsysteem in elkaar zit, waar het vandaan komt, wat er mee mis is, en wat we er aan zouden moeten veranderen.

Vragen die we ons moeten stellen

Bij die uitleg gaan we uit van twee vragen. Ten eerste: onze maatschappij staat voor problemen die het welzijn van miljarden mensen, nu en in de toekomst, bedreigen. Toch worden deze problemen niet effectief aangepakt. De vraag is: hoe kan het dat geld, waarvan we in principe zoveel kunnen (bij)maken als we willen, het voornaamste obstakel is voor het aanpakken van deze maatschappelijke problemen?

De tweede vraag is: wat kunnen we hier aan doen? Hoe kunnen we er voor zorgen dat geld geen obstakel meer is voor de aanpak van die problemen? Op die vragen probeert dit boekje een antwoord te geven.

2. WAT IS GELD?

Wat is geld?

Geld is een ruilmiddel, rekeneenheid en spaarmiddel. Het is vooral een middel om ruil en handel te vergemakkelijken. Het kan die rol vervullen als mensen het accepteren als iets dat een bepaalde waarde vertegenwoordigt. Het is iets kunstmatigs, iets waarvan mensen stilzwijgend aannemen dat het die waarde heeft en min of meer behoudt.

Geld als ruilmiddel en rekeneenheid

Bij het ontbreken van geld moeten goederen en diensten worden geruild: iemand die een product over heeft, zeg suiker, en een ander product nodig heeft, zeg zout, moet iemand vinden die zowel zout heeft als geïnteresseerd is in suiker. Geld, in de vorm van munten, biljetten, of in sommige maatschappijen, schelpen of vee, maakt het mogelijk dat de persoon die suiker heeft die kan verkopen, ook als de koper geen zout heeft. Daarna kan de verkoper op zoek naar iemand die zout wil verkopen. Dat is een stuk eenvoudiger dan een persoon vinden met beide eigenschappen. Geld is dan ook zoiets handigs dat het door de eeuwen heen in vrijwel alle samenlevingen is "uitgevonden". Omdat geld voor een veel flexibeler proces van uitwisseling zorgt is het het smeermiddel van de economie.

Gekoppeld aan het gebruik van geld als ruileenheid is de functie van geld als rekeneenheid. Door die functie is het mogelijk om de waarde van verschillende producten of diensten met elkaar te vergelijken.

Geld als middel om te sparen

Een derde functie van geld is dat je het kan oppotten, accumuleren met een mooi woord, en gebruiken op een later tijdstip. Sparen dus. Geld neemt heel weinig ruimte in (behalve dat vee) en bederft niet. Accumulatie leidt ook tot handel in geld: degenen die geld nodig hebben kunnen het lenen van iemand die het gespaard heeft. Zo'n lening wordt dan later terug betaald, meestal met rente: een premie die het uitlenen van geld aantrekkelijk maakt. Lenen gebeurt ook door tussenpersonen: mensen die spaargeld van anderen innemen en het uitlenen aan derden. Zo is bankieren begonnen.

De basis van geld: vertrouwen

De basis van geld is vertrouwen. Om geld zijn rol als middel voor ruil en accumulatie te laten vervullen moeten mensen geloven dat het overal geaccepteerd zal worden als betaalmiddel en dat het zijn waarde zal behouden. Verliest men dat vertrouwen dan verliest het geld zijn waarde als ruilmiddel, als middel voor accumulatie en als rekeneenheid.

3. WAT HEBBEN WE VAN GELD GEMAAKT?

Geld als magie

Het principe van geld is dus heel eenvoudig. Maar door de eeuwen heen heeft geld een bijna magisch karakter gekregen. Het wordt niet meer gezien als een door mensen geschapen iets dat vrijelijk gemanipuleerd kan worden, maar als iets dat aan eigen wetten voldoet die niet of nauwelijks door de mens te beïnvloeden zijn. Daarom durven we niet goed in te grijpen in het geldsysteem: we zijn bang dat dit fout zal uitpakken, dat monetaire wetten in werking zullen treden die vreselijke financiële en economische gevolgen zullen hebben.

Het grote angstbeeld: (hyper)inflatie

De grootste angst is hyperinflatie: een razendsnel verlies van de waarde van geld met fatale gevolgen voor het geldsysteem en de economie. Die angst is het grootst bij de mensen met veel geld, maar ook gewone mensen met wat spaargeld en werknemers van wie de salarissen de inflatie niet bijhouden lijden er zwaar onder. Alleen degenen met grote schulden profiteren: hun schuld verdwijnt als sneeuw voor de zon.

Economische wetten: de geldhoeveelheids-theorie

De wetenschap die verantwoordelijk is voor het toekennen van magische eigenschappen aan geld is de economie. De gangbare economische wetenschap gaat uit van economische systemen die in balans zijn of naar zo'n balans toegaan. Zo ook met geld: economen gaan er van uit dat de geldhoeveelheid in balans is met vraag en aanbod. In lijn daarmee leert de geldhoeveelheidstheorie dat als er zomaar meer geld in de economie wordt gepompt inflatie, dat wil zeggen een verhoging van het algemeen prijspeil, onvermijdelijk is. Deze theorie is nooit bewezen en niet meer dan een geloof, gebaseerd op aannames die weinig met de werkelijkheid van doen hebben. Maar als geloof is het wel zo dominant, onder economen, beleidsmakers, politici, de media, en verder vrijwel iedereen die iets over economie denkt te weten, dat het de basis is voor alle beleid.

Waarom overheden geen geld scheppen

De geldhoeveelheidstheorie verklaart waarom overheden geen geld maken voor eigen gebruik: men wil oncontroleerbare inflatie vermijden.[5] Die inflatieangst is zo sterk dat geldcreatie door de overheid voor gebruik door de overheid een taboe is geworden. Geldcreatie kan alleen veilig, zo denkt men, als het onderworpen wordt aan de werking van de markt. Dat betekent dat het aan de private sector moet worden overgelaten. De markt of beter gezegd, het marktmechanisme zal er dan voor zorgen dat de geldhoeveelheid in evenwicht blijft met enerzijds de hoeveelheid geproduceerde goederen en diensten en anderzijds de vraag. Alles wat buiten die markt om gebeurt, bijvoorbeeld een overheid die voor eigen gebruik geld creëert of laat creëren (door een centrale bank), zal, zo gelooft men, het door de markt tot stand gekomen evenwicht verstoren en inflatie veroorzaken.

Geld, economische theorie en speculatie

Economen hebben door de jaren heen allerlei moeilijk toegankelijke theorieën ontwikkeld over geld. Daarmee heeft men het begrip van geld of beter gezegd, van de werking van geld in het monetaire en economische systeem erg lastig gemaakt. Complexe wiskundige modellen en vergelijkingen worden geacht de invloed van geld op de economie weer te geven. Sinds enkele decennia worden zulke modellen ook gebruikt in financiële markten, voor speculatie: proberen geld te verdienen door de handel in geld en financiële producten. Daar gaan miljarden in om, en daarom worden de slimste economen en wiskundigen ingeschakeld. De modellen en producten die zij voortbrengen zijn zo ingewikkeld geworden dat ze alleen nog door de allerknapste koppen gesnapt worden. Zelfs de

---

[5]   Een inflatie van een procent of twee wordt over het algemeen beschouwd als acceptabel en zelfs als goed. Als de inflatie boven de 4% komt wordt dat als een (groot) probleem gezien.

toezichthoudende commissarissen en de raden van bestuur, de bankiers zelf dus, begrijpen ze vaak niet meer.

Denken over ons geldsysteem: alleen de experts

Het grootste probleem bij deze complexiteit is dat niet-economen zich niet meer durven uitspreken over ons geldsysteem. Alleen de deskundigen doen hun zegje – en doen dat, ondanks het debakel van de crisis die door vrijwel niemand van hen voorzien werd, met zo'n zelfverzekerdheid dat leken er niet snel aan zullen denken tegen hen in te gaan. Zo blijft gedachtenvorming over wat we met ons geldsysteem zouden willen voorbehouden aan een klein groepje ingewijden.

Meningsvorming: de vergelijking met kernenergie

Eigenlijk zouden we het geldsysteem moeten vergelijken met het gebruik van kernenergie. We weten niet hoe het allemaal werkt in een kerncentrale, dat is allemaal enorm ingewikkelde techniek – net als al die wiskundige modellen vreselijk ingewikkeld zijn. Maar we vormen ons wel een mening of we al of niet kernenergie willen. We zijn slim genoeg om, voorzien van de noodzakelijke informatie, na afweging van de voor- en nadelen en na vergelijking met alternatieven, te beslissen of we wel of niet willen dat onze energie wordt opgewekt in kerncentrales. Veel mensen hebben daar dan ook een duidelijke mening over. Degenen die dat niet hebben zullen meestal zeggen dat ze nog niet genoeg van die voor- en nadelen en alternatieven weten.

Het geldsysteem als gegeven

Wat voor kerncentrales geldt zou ook moeten gelden voor ons geldsysteem. Op dit moment neemt vrijwel iedereen aan dat dit systeem er nu eenmaal is, dat er geen alternatieven zijn, en dat we er dus maar mee verder moeten – met wellicht wat kleine door deskundigen voorgestelde aanpassingen. Dat moet veranderen. We kunnen en, in ons eigen belang en dat van toekomstige generaties, moeten ons een mening vormen over het huidige systeem, kijken naar voor- en nadelen, en alternatieven onderzoeken. En we moeten actie ondernemen om een beter alternatief ingevoerd te krijgen.

Daarbij moeten we, net als bij kerncentrales, ons niet laten weerhouden door het feit dat we niet precies of zelfs niet bij benadering begrijpen hoe het huidige systeem werkt. Belangrijk zijn de uitkomsten en mogelijkheden van het huidige systeem, en de mogelijkheden en uitkomsten van alternatieve systemen.

Geld als schaars goed

Bij het analyseren van het huidige geldsysteem en van de alternatieven moeten we ingesleten ideeën loslaten. Vooral het idee dat geld schaars is. Die aanname heeft postgevat onder de invloed van de gangbare economie. Economen en andere financiële experts zijn van mening dat er maar een beperkte hoeveelheid geld is en dat met de beperkingen opgelegd door die schaarste geleefd zal moeten worden.

Toch kan, als gezegd, geld in principe zo worden bijgemaakt. Dat nemen we echter niet zomaar aan. Zeker in onze Nederlandse cultuur gaat het idee dat je geld zo maar bij zou kunnen maken tegen onze diepste overtuigingen in. Iets voor niets, dat kan niet: er moet eerst voor gewerkt worden! Het idee dat we zomaar geld bij zouden kunnen maken om, bijvoorbeeld, een deel van de staatsschuld af te lossen of te investeren in duurzame energie, energiebesparing en natuur en milieu, of om aan iedereen een basisinkomen te geven, accepteren we niet zomaar: daar zit een adder onder het gras! En toch zou dat in principe allemaal kunnen: als gezegd, we hoeven het geld niet eens meer fysiek te produceren, een paar aanslagen op de juiste toetsenborden is voldoende.

Iets voor niets?

Wat we moeten bedenken als we het over geld hebben en die typisch Hollandse "niets voor niets" overtuiging begint op te spelen is dat geld eigenlijk ook niets is. Zoals gezegd is het grotendeels virtueel, en bestaat dus niet eens fysiek. En zelfs als het in fysieke vorm bestaat, als muntgeld of papiergeld, heeft het bijna geen intrinsieke waarde. Je kunt er niets nuttigs mee doen: je kan het niet eten, er op slapen, er in wonen, of je er op voortbewegen. Het is niets meer dan een symbool. Van symbolen kan je naar believen bijmaken, zeker als ze virtueel zijn. En omdat symbolen concreet gezien niets zijn krijg je, als je geld bijmaakt, niet iets voor niets, maar niets voor niets.

Dat wil niet zeggen dat er geen beperkingen zijn. De beperking zit echter niet in het geld zelf, maar in de producten die je er voor koopt: een maaltijd (of de ingrediënten daarvoor), een bed, een huis, een fiets. Daar zijn wel beperkte hoeveelheden van. Daarom wil het feit dat we in principe onbeperkt geld bij kunnen maken niet zeggen dat we dat dan ook maar zouden moeten doen. Er moet niet zoveel geld komen dat producenten denken dat ze hun prijzen kunnen verhogen omdat hun product toch wel gekocht wordt, of dat werknemers te hoge looneisen gaan stellen omdat ze denken dat er toch wel betaald wordt. Dat zou kunnen leiden tot een verhoging van het algemeen prijspeil: inflatie. Dat is op kleine schaal nog wel acceptabel. In de meeste landen streven instanties die verantwoordelijk zijn voor het geldsysteem, de centrale banken, zelfs naar een inflatie van rond de twee procent, omdat dit de economie zou stimuleren.[6] Maar hogere inflatie wordt, terecht, als schadelijk gezien voor de economie, vooral voor spaarders en werknemers. En ze kan, als het helemaal uit de hand loopt, tot hyperinflatie en een financiële en economische crisis leiden.

---

[6] De redenering daabij is dat een beetje inflatie mensen en bedrijven stimuleert om te investeren en te consumeren in plaats van te sparen, omdat op de langere duur het geld minder waard wordt. Die investeringen en consumptie zijn goed voor de economie. Andersom redeneren economen dat bij deflatie, het omlaag gaan van het prijspeil en daarmee, het toenemen van de waarde van geld, bedrijven en mensen op hun geld blijven zitten omdat ze denken dat het (nog) meer waard zal worden. Dat, zo wordt gesteld, is slecht voor de economie. Er is nooit bewezen dat deze redeneringen ook in werkelijkheid opgaan, maar het geloof erin is zo sterk dat ze voor vaststaand worden aangenomen.

4. HOE WORDT GELD GECREËERD?

Hoe geld gemaakt wordt

Vaak wordt gedacht dat geldschepping een overheidstaak is. Er wordt aangenomen dat de centrale bank het geld "maakt" en het vervolgens uitleent (tegen een lage rente) aan gewone, private banken.[7] Die zetten het vervolgens uit in de economie door het (tegen een hogere rente) uit te lenen aan personen, bedrijven en overheden. Ook wordt aangenomen dat het geld dat door banken wordt uitgeleend afkomstig is van de (spaar)tegoeden die klanten bij de bank aanhouden.

De werkelijkheid is anders. Maar zo'n drie procent van het geld, dat deel dat bestaat uit munten en bankbiljetten, wordt gecreëerd door de centrale bank. De overige 97 procent van het geld wordt door private banken geschapen als ze een lening geven. Dat gebeurt door een eenvoudige boekhoudkundige handeling, waarmee aan beide kanten van de balans van de bank het geleende en zo gecreëerde geldbedrag wordt bijgeschreven (voor de boekhouders onder ons: aan de activa kant als lening, en aan de passiva kant als deposito op de rekening van degene die leent). Zoals de Engelse Centrale Bank, de Bank of England, het in 2014 omschreef: *"Whenever a bank makes a loan, it simultaneously creates a matching deposit in the borrower's bank account, thereby creating new money."* Vertaald: *Iedere keer wanneer een bank een lening verstrekt stort ze tegelijkertijd een even groot bedrag op de rekening van de lener, waarbij nieuw geld gecreëerd wordt.*[8]

---

[7] In ontwikkelde landen zijn de meeste "gewone" banken privaat bezit. Overheden zijn soms tijdelijk eigenaar als banken genationaliseerd worden omdat ze anders failliet zouden gaan en zo grote schade aan de economie toe zouden brengen. Dat gebeurde onder meer met de ABN-AMRO bank op het hoogtepunt van de financiële crisis.

[8] Bank of England (2014), Money creation in the modern economy, http://www.bankofengland.co.uk/publications/Documents/quarterlybulletin/2014/qb14q102.pdf

In theorie wordt het door kredietverlening gecreëerde geld weer vernietigd als de lening wordt terugbetaald. In de praktijk gebeurt dat ook, maar tegelijkertijd wordt er veel meer nieuw krediet uitgegeven dan er wordt terugbetaald. Daardoor komt er steeds meer geld.

Bankieren: een lucratieve business

Voor de private banken is geldschepping een lucratieve bezigheid. Ga maar na: zonder iets fysiek te hoeven produceren schept men een product dat uitgezet kan worden tegen een rendement – de rente – van, in Nederland, tussen de 5% (hypotheek) en 10 tot soms wel 15% (consumptief krediet, de cijfers zijn bij benadering). Natuurlijk moet er wel wat tijd en denkkracht gestoken worden in het beoordelen en administreren van kredietaanvragen. Maar over het algemeen is er geen bedrijfstak die zo makkelijk geld kan verdienen als het bankwezen.

5. WAAROM GELDCREATIE DOOR PRIVATE BANKEN?

Een erfenis van de geschiedenis

Geldschepping door private banken is een erfenis van de geschiedenis. Het bankieren begon zo rond de 15^e, 16^e eeuw met goudsmeden die van hun klanten goud in bewaring kregen. Die klanten kregen in ruil daarvoor een soort certificaten die al snel als betaalmiddel en dus als geld gebruikt werden. Aanvankelijk gaven de smeden evenveel certificaten uit als ze goud in voorraad hadden, maar ze realiseerden zich al spoedig dat het heel onwaarschijnlijk was dat alle klanten tegelijkertijd hun goud op kwamen vragen. Zo kwamen ze op het idee om meer certificaten uit te geven dan ze goud in beheer hadden: geldcreatie door privaat bankieren was geboren. Overigens geldt vandaag de dag voor banken hetzelfde als destijds voor goudsmeden: mochten alle klanten toch tegelijkertijd hun geld komen halen – een zogenaamde "bank run" – dan kan de bank niet uitbetalen en zal ten onder gaan. En erger: de klanten zijn hun geld kwijt.

Een effectieve lobby

Bankiers hebben de afgelopen twee eeuwen in die landen waar geldcreatie (ook) door de autoriteiten plaats vond al hun invloed aangewend om geldcreatie te privatiseren. In sommige landen, vooral de Verenigde Staten, is dat een zware maar uiteindelijk succesvolle strijd geweest. Zelfs zodanig dat de huidige Amerikaanse centrale bank, de Federal Reserve, een soort publiek-privaat partnerschap is dat zowel het algemeen belang als de belangen van de banken behartigt.

In andere landen is de privatisering van geldcreatie vrijwel geruisloos gegaan. Maar hoe dan ook, het resultaat is dat nu in vrijwel alle ontwikkelde en zich ontwikkelende landen geldcreatie plaats vindt door private banken. Het meest opmerkelijke daarbij is dat de vraag of geldcreatie door private banken of door de overheid zou moeten gebeuren niet meer gesteld wordt.

Een kwestie van vertrouwen

Net als het geval is met geld is het hele concept van bankieren gebaseerd op vertrouwen: het vertrouwen dat de bank altijd zal (kunnen) uitbetalen. Valt dat vertrouwen weg en komt een grote groep spaarders hun geld opeisen dan valt de bank om, zoals dat in jargon heet. In het verleden – vóór de jaren dertig van de vorige eeuw – gebeurde dat vaak. Als het grote banken betrof (tegenwoordig systeembanken genoemd) had dat vaak ernstige gevolgen voor de economische bedrijvigheid. Om dat te voorkomen stelt de overheid zich tegenwoordig tot een bepaald bedrag garant voor alle tegoeden op gewone en spaarrekeningen. In het Nederland van vóór de crisis van 2008 was dat een volledige garantie voor de eerste € 20.000 en 90% van de volgende € 20.000; tijdens de crisis werd dit verhoogd tot € 100.000. Dat gebeurde om het vertrouwen in de banken overeind te houden: het geloof van klanten dat als ze bij de bank hun geld op zouden eisen dat ook werkelijk zouden krijgen.

6. NADELEN VAN HET HUIDIGE SYSTEEM

Private geldschepping: van crisis naar crisis

Er zijn veel redenen om het huidige systeem te veranderen. Om te beginnen functioneert het huidige systeem veel minder goed dan de verdedigers ervan ons willen doen geloven. De financiële crisis die in 2008 begon dient als bewijsstuk nummer één. Die crisis is geen uitzondering: sinds de jaren tachtig van de vorige eeuw zijn er wereldwijd tientallen grotere en kleinere financiële crises geweest.[9] Blijkbaar werkt de markt dus minder goed dan veel economen en andere marktadepten geloven.

Ook volgens de economische theorie zelf kunnen financiële markten niet goed werken

Het merkwaardige is dat volgens de economische wetenschap zelf financiële markten eigenlijk niet goed *kunnen* werken. Markten functioneren namelijk pas goed, zo leert de economische theorie, als aan drie voorwaarden is voldaan: mensen moeten economisch rationeel handelen, moeten volledig geïnformeerd zijn, en er moet volledige concurrentie zijn. In de echte wereld, en zeker in de financiële, wordt aan die voorwaarden niet voldaan. Mensen handelen niet economisch rationeel: ook sociale, psychologische, biologische en culturele factoren beïnvloeden het gedrag. De bankensector is ook niet bijzonder competitief: in Nederland is maar een beperkt aantal spelers, grote banken die een groot deel van de markt in handen hebben. En het is moeilijk te bewijzen, maar het lijkt vaak of er stilzwijgende afspraken bestaan om de onderlinge concurrentie te beperken – bijvoorbeeld, door niet te hard te concurreren met spaarrentes of de rente op leningen.

---

[9] Het IMF telde tussen 1970 en 2010 425 banken-, staatsschulden- en monetaire crises (B. Lietaer, S. Goerber, C. Arnsperger & S. Brunnhuber, *Geld en duurzaamheid. Van een falend geldsysteem naar een monetair ecosysteem,* Rapport van de Club van Rome (EU Chapter) aan Finance Watch en de World Business Academy, Utrecht 2012, p. 33, geciteerd in Roelf Haan, *De relatie tussen financiële en reële sector: Het falen van het geldstelsel als publieke infrastructuur.*

Maar het belangrijkst is nog dat het veel economische actoren, van kleine consumenten tot overheden, ontbreekt aan informatie. De meeste mensen hebben niet alleen geen idee van hoe het geldsysteem en allerlei financiële producten werken, ze hebben ook slecht inzicht in hun eigen financiële situatie. Voor Nederland is geschat dat vier op de vijf mensen slecht in staat is de voordelen en risico's van financiële producten in te schatten – waarmee we nog het best scoorden van de 13 landen die onderzocht werden.[10]

Aan de door de economische wetenschap zelf opgestelde basisvoorwaarden voor een goede werking van de markt wordt dus niet voldaan. En toch blijft men geloven dat de markt, in de vorm van een stelsel van winstgerichte private banken, de beste manier is om geldschepping en toewijzing te regelen.

Private banken: een rem op geldschepping?

Het geloof in markten voor het regelen van geldschepping en het in de economie brengen van het geschapen geld is vooral gebaseerd op de idee dat de markt vanzelf grenzen stelt aan de hoeveelheid geld die geschapen wordt. Overheden kunnen in principe eindeloos geld bij maken, maar private banken kunnen niet onbeperkt doorgaan met geld scheppen door het verstrekken van krediet. Zij moeten immers beoordelen of er voldoende garanties zijn dat het krediet wordt terugbetaald.

Omdat er grenzen zijn aan wat banken uit kunnen lenen denkt men dat zij geen explosie in de geldhoeveelheid kunnen veroorzaken. Dat is echter maar ten dele waar. De afgelopen twintig jaar zijn door banken enorme hoeveelheden virtueel geld gecreëerd die grotendeels zijn beland op de financiële markten. Die vormen een soort virtuele economie die weinig meer van doen heeft met de "echte" economie van de productie en consumptie van goederen en diensten. Veel van dat geld is beland in complexe financiële producten – door de Amerikaanse miljardair en "superinvesteerder" Warren Buffett "financiële massavernietigings-wapens" genoemd. Die producten lagen ten grondslag aan de financiële crisis. En ook na de crisis gaat,

---

[10] De Volkskrant, 23 december 2009

na een korte terugval, de groei in dit speculatieve financiële circuit weer verder.

Veel economen denken dat één en ander met regulering wel onder controle is te houden. Dat heeft men de afgelopen eeuwen steeds opnieuw aangenomen. Toch ging het dan weer mis, en was de volgende crisis een feit. Het lijkt er dus sterk op dat zelfs met regulering het systeem structureel instabiel is.

Dit geldsysteem: geen uitweg uit de crisis

Waar heeft het huidige geldsysteem ons nu gebracht? De gevolgen van de crisis van 2008 zijn nog niet lang voorbij, integendeel. Overheden en veel burgers zitten diep in de schulden, het besteedbaar inkomen neemt af, de werkloosheid groeit of in het gunstigste geval, neemt niet of nauwelijks af. Sociale voorzieningen worden teruggebracht, kosten voor basisvoorzieningen als onderwijs en gezondheidszorg gaan omhoog, in veel landen is er geen of onvoldoende geld voor onderhoud of verbetering van de infrastructuur. En er is nauwelijks geld voor investeringen voor de toekomst, zoals het terugbrengen van de uitstoot van broeikasgassen door energiebesparing en de omschakeling naar duurzame energie.

Geld gaat naar de virtuele economie

Er is niet zozeer een absoluut tekort aan geld. Het probleem is dat het meeste geld omgaat in de financiële of virtuele economie, waar het gebruikt wordt voor speculatie.[11] In de reële economie van de productie en consumptie van goederen en diensten is juist een tekort aan geld.

Zelfs als centrale banken geld scheppen – door het zogeheten *quantitative easing*, kwantitatieve verruiming – om het tekort aan geld in de echte economie te verhelpen werkt dat nauwelijks. Dat

---

[11] Geld-deskundige Bernard Lietaer schat voor 2010 dat van de 4 biljoen dollar die dagelijks omging in valutaire transacties (het wisselen van geld) maar 2% van betekenis was voor de "reële" economie, de overige 98% betrof speculatie. Zie Bernard Lietaer et al., *Money and Sustainability. The Missing Link*, 2012; Rapport van de Club van Rome.

komt omdat in het huidige geldsysteem centrale banken geld niet direct in de economie brengen: ook dat wordt overgelaten aan de private banken. Die zien meer mogelijkheden om geld te verdienen in het financiële circuit, met speculatie. Daar gaat dan ook een groot deel van het nieuw geschapen geld naar toe.[12] Dat creëert weer nieuwe luchtbellen op de financiële markten en in de huizenprijzen, en legt zo de basis voor de volgende financiële crisis. Tegelijkertijd blijft het geld in de reële economie zo schaars dat een flink deel van het productieapparaat onbenut blijft, met faillissementen en werkloosheid als gevolg.

Bankieren: socialisme voor de rijken

Nog een nadeel is dat als het dan misgaat de overheid moet inspringen: de banken moeten gered worden, vooral de zogenaamde systeembanken. Dat zijn de grote banken waarvan gevreesd wordt dat de val het hele bankensysteem en daarmee de economie ineen zou doen storten. Om dat te voorkomen besteedt de overheid enorme sommen geld aan het nationaliseren of ondersteunen van banken die niet meer op eigen benen kunnen staan. En daar de overheid gefinancierd wordt door belastingen is het uiteindelijk de belastingbetaler die voor de kosten opdraait.

De staatsschuld loopt op doordat vele miljarden in de banken worden gestoken. De leningen daarvoor worden deels verschaft door dezelfde banken die de crisis veroorzaakt hebben. Dat doen ze door nieuw geld te scheppen om aan de overheid uit te lenen, uiteraard tegen rente. Die moet vervolgens weer door de belastingbetaler opgebracht worden.

Indirect betaalt de belastingbetaler ook een prijs: om de tekorten en rentelasten terug te brengen moeten overheden bezuinigen waardoor voorzieningen verdwijnen, verminderen of duurder worden.

---

[12] De Engelse organisatie Positive Money schat voor Groot Brittannië dat maar zo'n 13% van het door quantitative easing gecreëerde geld in de reële economie terecht gekomen is, de rest ging naar de financiële markten en werd geabsorbeerd door stijgende prijzen voor onroerend goed.
http://www.positivemoney.org/our-proposals/sovereign-money-creation/

Samenvattend: als het goed gaat met de banken zijn de winsten voor de aandeelhouders, de managers en de beurshandelaren, in de vorm van dividenden, hoge salarissen en bonussen. Als het slecht gaat worden de verliezen afgewenteld op de gewone burger. Socialisme voor de rijken wordt dat wel genoemd.

Private geldcreatie: economische pieken en dalen

Het huidige geldsysteem zorgt voor grote pieken en dalen in de economie (met een mooi woord: de conjunctuur). Die worden verergerd door private banken omdat ze in economisch goede tijden meer leningen geven omdat ze dan meer winstmogelijkheden zien. Daardoor wordt de economie nog verder aangejaagd, tot er weer een crisis uitbreekt. Dan, in tijden van economische krimp, schrikken banken er juist voor terug om geld uit te lenen. Er wordt dus ook minder geld gecreëerd, juist in een tijd dat er meer geld nodig is voor economisch herstel. Dit gedrag van banken is logisch vanuit bedrijfseconomisch oogpunt, en daarmee in lijn met de logica van privaat bankieren. Maar het is strijdig met het maatschappelijk belang, omdat de economie in zijn geheel het tegenovergestelde krijgt van wat nodig is.

Een kleine groep bevoorrechten profiteert

Weer een ander nadeel van het huidige systeem is dat alle voordelen van het recht om geld te scheppen terecht komen bij die eerder genoemde kleine groep mensen: bankiers, handelaren, en aandeelhouders van banken. Waarom dat zo is werd hierboven al gedeeltelijk aangegeven: het is de afgelopen paar eeuwen zo gegroeid onder de invloed van een effectieve lobby van machtige private bankiers, met ondersteuning van het geloof in de markt van de gangbare economische wetenschap..

Er is echter geen enkele reden om het privilege van geldcreatie in handen te laten van een paar bevoorrechte bedrijven, managers en aandeelhouders. Integendeel, het zou veel logischer en rechtvaardiger zijn om de winsten die dit privilege oplevert ten goede te laten komen aan de hele maatschappij, door het recht op geldcreatie weer terug te brengen daar waar het hoort: de overheid.

Bank failliet, geld kwijt

Voor spaarders is een groot nadeel dat ze in het huidige systeem bloot staan aan het risico dat ze bij een faillissement van de bank hun geld kwijt zijn. Dat komt omdat de bank dat geld op de activa kant van de balans mag bijschrijven: het geld wordt dus van de bank, al blijft de verplichting bestaan het weer aan de spaarder terug te geven als die zijn tegoed opeist.[13] Bij een faillissement kan de bank echter niet meer betalen en raakt de spaarder zijn geld kwijt, op het gedeelte dat door de overheid wordt gegarandeerd na.

Kredietverlening, rente en schuld

Misschien wel het grootste probleem met het huidige geldsysteem is dat geldschepping door private banken onlosmakelijk verbonden is met winstgerichte kredietverlening en daarmee, met schuld en het betalen van rente. Kredietverlening vindt daarom alleen plaats als de bank denkt dat de kredietnemer in de toekomst in staat zal zijn het geleende kapitaal plus de daarover verschuldigde rente terug te betalen. Lenen is daardoor alleen mogelijk bij een toename in winst (voor bedrijven), inkomens (voor consumenten), en belastingopbrengsten (voor de overheid).

---

[13] De vraag is of wat banken doen legaal is: de Engelse deskundige Richard Werner wijst erop dat in Engeland, volgens de zogenaamde "Client Money Rules", bedrijven geld van klanten altijd gescheiden moeten houden van het eigen vermogen, en het nooit op hun balans mogen zetten. Waarschijnlijk is dit voor andere landen, waaronder Nederland, ook zo. Banken zetten dat geld wel op hun balans, waardoor mensen die hun geld op de bank zetten dat kwijt zijn als de bank ten onder gaat. Werner wijst er verder op dat het wegnemen van dit privilege van banken, ofwel het verplichten van banken zich ook te houden aan de "Client Money Rules", het privilege van geldschepping aan private banken zou ontnemen. Daarnaast wijzen Werner en andere deskundigen er op dat banken geen officieel mandaat hebben om geld te scheppen, op de huidige wijze of op een andere manier. Zie Werner, R.A., *How do banks create money, and why can other firms not do the same? An explanation for the coexistence of lending and deposit-taking.* Voorpublicatie; publicatie verwacht in het International Review of Financial Analysis (2014).

Schuld leidt tot groeidwang

Meer winst, verdienen en belastinginkomsten zijn onlosmakelijk verbonden met economische groei.[14] Zonder groei stijgen de winsten niet, zien consumenten hun inkomen niet toenemen en nemen de overheidsinkomsten af, zodat krediet niet met de verschuldigde rente kan worden terugbetaald.[15] In tijden van economische tegenwind ontbreekt die groei en kunnen veel mensen, bedrijven, en zelfs landen niet meer aan hun betalingsverplichtingen voldoen. Dat kan leiden tot een schuldencrisis. In eerste instantie kan die nog worden uitgesteld als men aan eerder aangegane verplichtingen kan voldoen door nóg meer te lenen. Daardoor komt men nog verder in de schuld. Als sterke groei dan uitblijft wordt de crisis onvermijdelijk, en des te heftiger. Veel deskundigen schatten in dat, vooral ook als gevolg van de crisis van 2008, steeds meer mensen, bedrijven en landen in zo'n situatie zullen belanden.

---

[14] Met economische groei wordt hier bedoeld de toename van de waarde van het totaal aan goederen en diensten geproduceerd in een economie (het bruto nationaal product). In de gangbare economische wetenschap en daarmee voor de politiek en de media is het dé indicator voor welvaart. De afgelopen decennia is het gebruik van deze indicator echter steeds meer aan kritiek bloot komen te staan. Dat komt onder meer omdat allerlei verborgen kosten, zoals schade aan het milieu, niet meegerekend worden. Bovendien worden onbetaalde economische activiteiten niet meegerekend, alhoewel bijvoorbeeld veel vrijwilligerswerk en zorg voor de kinderen een duidelijke economische waarde hebben. Ook zegt de indicator weinig over de kwaliteit van leven en helemaal niets over de verdeling van de geproduceerde goederen en diensten. Er kan dus hoge groei zijn waarvan maar weinigen profiteren, zoals we sinds het begin van deze eeuw vooral in de Verenigde Staten gezien hebben. Er zijn dan ook andere, betere indicatoren voor welvaart en welzijn ontwikkeld, zie bijvoorbeeld http://www.platformdse.org/wp-content/uploads/Brochure-Beter-Meten-van-Welvaart-en-Welzijn_PDSE_2012.pdf). Maar vooralsnog blijft economische groei de dominante indicator van hoe het met een land gaat. Daarmee blijft ook het streven naar een voortdurende toename van de productie van goederen en diensten een primair politiek doel.

[15] Of, en dat is vaak de praktijk, men haalt het geld voor betaling van hoofdsom en rente ergens anders weg, wat dan weer ten koste gaat van het betreffende deel van de economie en daarmee, de economie in zijn geheel.

Groeidwang en eindige hulpbronnen

Kredietverlening leidt dus tot groeidwang: er móet gegroeid worden om schulden plus rente terug te kunnen betalen. Naast toenemende schulden veroorzaakt dat een ander groot probleem: die altijd maar doorgaande groei is niet te rijmen met de eindigheid van onze natuurlijke hulpbronnen. De geldhoeveelheid kan in principe oneindig groeien, maar onze voorraden grondstoffen, (zoet) water, land, en natuurlijke ecosystemen zijn eindig. Economische groei leidt nu tot een steeds groter beslag op die hulpbronnen, op een allerminst duurzame manier. Dat betekent dat we als we zo doorgaan wij, of toekomstige generaties, op een gegeven moment door die hulpbronnen heen zijn of dat er grote tekorten ontstaan. Tekorten aan drinkwater, aan landbouwgrond, aan de metalen die we in allerlei apparatuur en infrastructuur gebruiken, en aan brandstof. Dat zal enorme problemen veroorzaken, vooral voor degenen die het minder breed hebben. De rijken zullen de prijsstijgingen die voortkomen uit de tekorten in eerste instantie nog wel kunnen dragen. Maar ook zij zullen er uiteindelijk onder lijden, zeker als de tekorten leiden tot volksopstanden.

Het huidige geldsysteem en eindige hulpbronnen

Groeidwang en daarmee, het niet-duurzame gebruik van eindige hulpbronnen is onlosmakelijk verbonden met het huidige geldsysteem van geldcreatie door private banken. Dat systeem zal dus vroeger of later leiden tot tekorten aan eindige hulpbronnen. Alleen al om dat te voorkomen moeten we dus toe naar een ander geldsysteem.

Naast groeidwang is er nog een andere reden waarom het huidige geldsysteem niet te verenigen valt met een duurzaam gebruik van hulpbronnen. Dat is dat het hoofddoel, en in veel gevallen het enige doel van private banken het maken van winst is en niet, zoals eigenlijk zou moeten, het voorzien van de samenleving van voldoende geld om de economie optimaal te laten functioneren.[16]

---

[16] Er zijn uitzonderingen, zoals in Nederland ideële banken als de Triodos en de ASN. Maar die vormen maar een heel klein deel van de bancaire

Optimaal functioneren betekent niet noodzakelijkerwijs maximale welvaartscreatie door maximale efficiëntie – het impliciete en soms expliciete doel van de gangbare economische wetenschap. Vanuit maatschappelijk oogpunt betekent optimaal functioneren het zoveel mogelijk bereiken van maatschappelijke doelen. Voorbeelden daarvan zijn het voorzien in de basisbehoeften van allen, het gelijke kansen scheppen voor iedereen, en een duurzaam gebruik van natuurlijke hulpbronnen zodat zowel huidige als toekomstige generaties van die bronnen gebruik kunnen blijven maken. Die doelen zijn niet te verenigen met het streven naar winstmaximalisering van private banken.

Geldcreatie alleen voor winstgevende activiteiten

Het huidige geldsysteem, waarin geld gecreëerd wordt door commerciële banken met het doel om geld te verdienen, heeft tot de in wezen vreemde situatie geleid dat geld alleen geschapen wordt voor winstgevende activiteiten. Het kan uit maatschappelijk oogpunt nog zo nodig zijn voor de overheid om te investeren in, bijvoorbeeld, beter publiek onderwijs, een beter milieu, of het ontwikkelen en toepassen van duurzame energie, maar als dat niet op de korte termijn winstgevend is wordt er geen geld voor gecreëerd. In plaats daarvan moet de overheid aan geld komen door belasting te heffen of te lenen. Dat kan maar op beperkte schaal omdat de overheid nog veel meer moet financieren en, zeker na de crisis, daarvoor al geld tekort komt.

De overheid als parasiet

De merkwaardige situatie waarin het privilege om geld te scheppen is voorbehouden aan private banken leidt dus tot de situatie dat de overheid, door het feit dat zij belasting moet heffen om aan geld te komen, gezien wordt als een soort parasitaire entiteit die leeft op de zak van hardwerkende burgers en bedrijven. En in zekere zin is dat

---

wereld. Anderzijds staat vooral bij de grote beursgenoteerde banken, die veruit het meeste geld scheppen, het winststreven voorop. Zelfs al zouden goedwillende bankiers het anders willen dan nog blijft de druk van aandeelhouders om op korte termijn de winst te maximaliseren bepalend.

in het huidige geldsysteem ook zo. Maar die situatie vloeit voort uit een bewuste of onbewuste keuze voor het huidige geldsysteem, waarin geldschepping is voorbehouden aan private banken. En het is het resultaat van een geloof waarvoor geldcreatie door de publieke sector voor direct gebruik door de overheid taboe is.

Bevordering van armoede en verpaupering

Een laatste hier te bespreken nadeel van private geldschepping is dat het indirect bijdraagt aan armoede, verpaupering, en ongelijkheid. Geld lenen aan arme mensen is niet winstgevend, er wordt dus weinig of geen geld voor hen gecreëerd. Zelfs als dat wel gebeurt is de rente erg hoog, vanwege het (vaak vermeende) risico van wanbetaling en de hoge administratieve kosten (tien kleine kredieten beheren is duurder dan één groot krediet). Tegelijkertijd wordt, door het privilege van geldschepping aan de private sector toe te laten vallen, aan overheden het geld onthouden waarmee armoede en verpaupering aangepakt zouden kunnen worden. Dat is natuurlijk niet alleen een probleem van het geldsysteem: die aanpak hangt ook, en nog meer, af van politieke wil. Maar het huidige geldsysteem bemoeilijkt de politieke keuze voor armoedebestrijding. Dat komt omdat het geld daarvoor niet gecreëerd kan worden maar door de belastingbetaler moet worden opgebracht.

Voordelen van private geldcreatie?

Zitten er ook voordelen aan het huidige systeem? Het eerste dat de verdedigers ervan naar voren zullen brengen werd al besproken: de aanname dat bij geldcreatie door private banken de markt zorgt voor de juiste geldhoeveelheid. We hebben al vastgesteld dat dit weinig meer dan een geloof is. Wel is het zo dat er een automatische rem zit op geldcreatie door private banken. Dat zit hem in het feit dat banken enkel krediet verschaffen als ze denken dat de lening met rente kan worden terugbetaald. Die rem werkt echter niet erg goed, en beperkt zich vooral tot de reële economie. In de financiële economie ligt dat anders. Daar zijn, zoals gebleken is, de mogelijkheden tot geldcreatie voor speculatie in allerlei financiële producten vrijwel onbeperkt. Bewijs daarvoor zijn de enorme hoeveelheden geld die in de financiële markten circuleren.

Men zal ook stellen dat privaat bankieren heeft geleid tot een enorme welvaartsgroei. Ook daar zijn de nodige kanttekeningen bij te plaatsen. Ten eerste zou, zoals we in het volgende hoofdstuk zullen zien, de groei van zowel welvaart als welzijn waarschijnlijk veel groter zijn geweest bij het alternatief: publieke geldcreatie. Ten tweede is veel van de met privaat bankieren geschapen welvaart niet duurzaam omdat ze voortkomt uit speculatie. Die soort welvaart groeit weliswaar snel maar stort vervolgens weer in als de volgende crisis een feit is.

Voorstanders van private geldcreatie en van privaat ondernemen in het algemeen zullen stellen dat alleen de markt, dat wil zeggen concurrentie tussen meerdere aanbieders, zorgt voor welvaart scheppende innovatie. Ook op dat argument is het nodige aan te merken. De innovatieve financiële producten die de crisis veroorzaakten hebben laten zien dat de uitkomsten van innovatie, ook al wordt er door enkelen goed aan verdiend, lang niet altijd in lijn zijn met het maatschappelijk belang. Daarnaast is het een misvatting dat innovatie is voorbehouden aan de private sector. Als dat zo zou zijn waarom zouden veel bedrijven dan graag samenwerken met openbare universiteiten en onderzoeksinstituten, en daar zelfs hun onderzoek laten doen?

Verdediging van het huidige systeem

Veel nadelen, geen duidelijke voordelen, behalve dan voor bankiers, handelaren, adviseurs, lobbyisten, en aandeelhouders van private banken. Toch staat het systeem als een huis. In het voorgaande is al genoemd waarom. In de praktijk lijkt de keuze voor het huidige geldsysteem vooral onbewust te zijn: het brede publiek, de media, politici, bestuurders en de meeste economen accepteren de huidige situatie als een onveranderlijk gegeven. Vooral de gangbare economische wetenschap speelt daarbij een kwalijke rol, omdat maar weinig economen geïnteresseerd lijken te zijn in een onbevooroordeelde analyse en nog minder in een onbevangen debat.

Als men al over dit onderwerp in discussie gaat is dat niet zozeer om op objectieve wijze de voor- en nadelen van verschillende geldsystemen te analyseren, ter ondersteuning van de politieke besluitvorming. Nee, men probeert dan met een selectief gebruik van voorbeelden en ondeugdelijke argumenten de discussie in de kiem te smoren. Neem bijvoorbeeld de inaugurele rede die de nieuw benoemde hoogleraar in de Economische Wetenschappen en Monetaire Politiek aan de Vrije Universiteit van Amsterdam, Wim Boonstra, eind 2013 uitsprak. Daarin waarschuwt Boonstra, werkzaam bij de Rabobank, voor het zelfs maar overwegen van alternatieve geldsystemen, en al helemaal van geldschepping door en voor de overheid. Hij doet dat door zijn publiek afschrikwekkende voorbeelden voor te houden van gevallen waar geldcreatie door de overheid tot rampen zou hebben geleid.

Het bekendste voorbeeld van zo'n ramp is de hyperinflatie in het Duitsland van de jaren twintig van de vorige eeuw, en ook Boonstra komt daarmee op de proppen. Ironisch genoeg leert onbevooroordeelde geschiedschrijving dat, alhoewel de overheid niet vrijuit ging, de Duitse inflatie destijds vooral werd veroorzaakt door private banken.[17] Boonstra geeft in zijn oratie ook niet aan dat er vele voorbeelden zijn waar geldcreatie door de overheid wel succesvol is geweest en niet tot hyperinflatie heeft geleid.

In de al eerder genoemde IMF studie van Benes en Kumhof wordt met veel voorbeelden aangetoond dat door de geschiedenis heen overheden over het algemeen verantwoordelijk omgingen met het privilege van geldcreatie. Anderzijds leidde juist het verlenen van het recht tot geldcreatie aan private partijen tot problemen, met periodes van buitensporige groei gevolgd door de onvermijdelijke crisis en economische krimp, met alle ellende van dien voor de bevolking.[18]

Boonstra geeft dus, nota bene bij zijn aanstelling aan een academische instelling, een verkeerde voorstelling van zaken. En in plaats van een objectieve analyse van de voors en tegens van privaat

---

[17] Zie voor een beschriiving onder meer de al eerder genoemde IMF studie *The Chicago Plan Revisited* van Benes and Kumhof, 2012, http://www.imf.org/external/pubs/ft/wp/2012/wp12202.pdf, pagina 16.

[18] Geciteerd in de IMF studie *The Chicago Plan Revisited*, Jaromir Benes and Michael Kumhof, 2012,
http://www.imf.org/external/pubs/ft/wp/2012/wp12202.pdf

en publiek bankieren waarschuwt Boonstra dat er mensen zijn die de rol van overheden bij het ontstaan van hyperinflatie bagatelliseren. Zo speelt hij op de man in plaats van een gedegen onderbouwde argumentatie te geven: degenen die publieke geldcreatie voorstaan of zelfs maar overwegen worden verdacht gemaakt. Zo wordt het huidige geldsysteem, ondanks alle nadelen, door de gelovigen verdedigd en in stand gehouden.[19]

---

[19] Enigzins in Boonstra's voordeel pleit dat hij in het Financieel Dagblad van 25 november 2013, pleitte voor monetaire financiering, door de Europese Centrale Bank, van een investeringprogramma in infrastructuur en duurzame energievoorziening. De term monetaire financiering houdt in dat er weliswaar geld geschapen wordt, in dit geval voor een nuttig doel, maar dat die geldcreatie nog steeds gekoppeld wordt aan schuld: overheden zullen moeten terugbetalen, zij het met een hele lage rente. Voordeel is wel dat die terugbetaling aan de centrale bank gebeurt, en dat de winst van de centrale bank weer wordt uitgekeerd aan de overheid.

7. HOE KAN HET BETER?

Het alternatief: publieke geldschepping

Een goed geldstelsel is essentieel voor een goed functionerende economie en daarmee, voor het algemeen belang. Het is een nutsvoorziening. De staat is de instelling die het algemeen belang behartigt en verantwoordelijk is voor nutsvoorzieningen. De verantwoordelijkheid voor, en controle over het geldstelsel en geldcreatie moeten daarom bij de staat komen te liggen en niet bij private, winstgerichte ondernemingen. Het logische alternatief voor geldcreatie door banken is dus geldcreatie door de staat. In zo'n systeem wordt niet alleen het munt- en papiergeld maar ook het girale geld, dat nu dus door de banken wordt geschapen, door de staat gecreëerd. Ofwel, giraal geld wordt dan op dezelfde manier geschapen als munt- en papiergeld.

Hervorming van het geldstelsel moet leiden tot een transparant beheer met als doel het algemeen welzijn, op korte en lange termijn. In het nieuwe stelsel ligt de verantwoordelijkheid voor geldcreatie bij een publieke monetaire autoriteit die handelt op basis van wettelijk vastgelegde doelstellingen en richtlijnen. Zo'n autoriteit bestaat al: de centrale bank. Het zou daarom logisch zijn het mandaat voor geldcreatie aan de centrale bank te geven. In het vervolg worden de termen monetaire autoriteit en centrale bank dan ook afwisselend gebruikt.

Tegelijkertijd zou aan private banken het recht tot geldcreatie worden ontnomen. Banken zouden dus niet meer zoals nu geld kunnen scheppen door een simpele boekhoudkundige handeling gekoppeld aan kredietverlening. Ze zouden alleen nog met door de centrale bank geschapen geld mogen werken: met eigen vermogen, spaargeld, en geld geleend van de centrale bank of op financiële markten. Bankieren zou beperkt blijven tot de rol waarvan de meeste mensen denken dat banken die nu al vervullen: het beheren van geld van spaarders, door het op een rendabele manier uit te zetten bij mensen en bedrijven die geld nodig hebben en bereid zijn tegen rente te lenen.

Het door de centrale bank geschapen geld kan op meerdere manieren de economie in worden gesluisd. Direct, door het geld over te maken naar overheden die daarmee een deel van de overheidsuitgaven financieren. En indirect, door het geld beschikbaar te stellen aan banken die het dan als vanouds tegen rente uitlenen aan consumenten en bedrijven.

Publiek of privaat bankieren?

Of naast geldcreatie door de centrale bank ook het in de economie brengen van geld door banken een publieke dienstverlening zou moeten worden is een apart onderwerp van discussie. Veel monetaire hervormers benadrukken dat bij een monetaire hervorming alleen de functies van geldcreatie en gelddistributie gescheiden worden, en dat bestaande private banken dus kunnen blijven bankieren, al mogen ze daar zelf geen geld meer voor scheppen. Er zijn echter goede redenen om naast publieke geldcreatie door de centrale bank ook een publiek bankenstelsel op te zetten. Publieke banken zouden de kredietverlening meer kunnen richten op maatschappelijke doelstellingen zoals ondersteuning van het midden- en kleinbedrijf, het bevorderen van de werkgelegenheid, en "groene" investeringen. Het zou ook het einde betekenen van winstmaximalisatie ten koste van de consument, zoals bij de zogenaamde woekerpolisaffaire, waarbij klanten veel te hoge verborgen kosten betaalden en ondeugdelijke financiële producten kregen aangesmeerd.[20] Winstgericht bankieren zou niet verboden hoeven worden: men zou kunnen denken aan een gemengd systeem van publieke, private niet-winstgerichte en private commerciële banken, om zo door concurrentie een goede dienstverlening te bevorderen. Daarbij zou de omvang van zowel publieke als private banken beperkt moeten blijven, zodat er voldoende aanbieders zouden zijn om werkelijke concurrentie te garanderen.

---

[20] De voordelen van publiek bankieren ten opzichte van privaat bankieren worden in een ander boekje uiteengezet: *De Inrichting van onze Economie: Privaat vs. Publiek*.

Voordelen van publieke geldschepping

Een nieuw geldsysteem, met een centrale bank die nieuw geld schuldvrij beschikbaar stelt aan de overheid, kent vele voordelen. Het zou het schuldenprobleem van de overheid en daarmee de huidige crisis in één keer oplossen: de overheid zou geen geld meer hoeven lenen en bestaande schulden zouden geleidelijk kunnen worden afbetaald zonder verder te bezuinigen. Daardoor zou meer geld beschikbaar komen voor overheidsbestedingen in sectoren als onderwijs, zorg, onderzoek, infrastructuur, milieu, en veiligheid.

Er zouden ook meer mogelijkheden komen om investeringen te sturen, bijvoorbeeld, door het stimuleren van investeringen die bijdragen aan een duurzamer gebruik van hulpbronnen. Dat zou kunnen door directe investeringen, subsidies, en rentevrije leningen voor bedrijven die groene technologie ontwikkelen, en voor bedrijven met een bedrijfsvoering die duurzaamheid en sociale rechtvaardigheid zou bevorderen.

Of het nieuwe geld ook aan die zaken besteed zou worden is een politieke keuze. Regering en parlement, verantwoordelijk voor de besteding, zouden er ook voor kunnen kiezen de baten van publieke geldcreatie door te sluizen naar burgers en bedrijven. Dat zou kunnen door onder meer belastingverlaging, verhogen van uitkeringen, en het verlagen van de tarieven van openbare diensten.

Sommige geldhervormers stellen voor na de transitie naar het nieuwe bestel een éénmalige uitkering aan iedere burger te geven, een zogenaamd "burgerdividend". Dit zou mogelijk worden omdat door de transitie al het eerder door de banken gecreëerde "schuldgeld" staatsgeld zou worden. Ontvangers van zo'n burgerdividend zouden verplicht worden om daarmee eerst hun schulden af te betalen. Iedereen zou een gelijk bedrag krijgen; het totale uitgekeerde bedrag zou gelijk zijn aan de totale schuld van alle burgers. Omdat sommigen meer schuld hebben dan anderen zou een deel van de burgers nog restschulden hebben terwijl anderen geld zouden overhouden.

Sommige hervormers stellen voor alleen burgers van een dividend te voorzien, anderen – de voorstanders van het Chicago Plan – stellen voor om alle schulden anders dan die besteed aan investeringsgoederen (zoals gebouwen en machines) af te lossen. Dit laatste zou vooral veel kleine en middelgrote bedrijven van een flink deel van hun schuldverplichtingen kunnen verlossen, wat voor sommigen het verschil zou kunnen maken tussen overleven en failliet gaan.

Een risico van het burgerdividend zou kunnen zijn dat mensen en bedrijven het geld dat ze zouden overhouden na afbetaling van hun schulden snel uit zouden geven. Dat zou tot zo'n grote toename van de vraag naar goederen en diensten kunnen leiden dat producenten hun prijzen zouden verhogen, met als gevolg inflatie. Om dat te voorkomen stellen voorstanders van het Chicago Plan voor om het restgeld niet uit te keren maar te storten in een investeringsfonds. Het rendement op het daarin ingelegde geld zou worden uitgekeerd aan de eigenaar.

In de praktijk zal er waarschijnlijk een mengvorm komen van overheidsinvesteringen, lastenverlichting en burgerdividend. Het zal afhangen van de oriëntatie van de regering waar het accent komt te liggen: rechts-liberalen zullen meer geneigd zijn burgers en bedrijven te laten profiteren, terwijl sociaal-democraten meer zullen zien in overheidsinvesteringen voor de aanpak van milieu- en sociale problemen.

Een einde aan groeidwang

Publieke geldschepping zou de dwang tot economische groei wegnemen die onlosmakelijk verbonden is aan private geldcreatie. Dat zou de weg openen voor de transitie naar een stabiele economie waarin door een duurzaam gebruik van eindige hulpbronnen de toekomst kan worden veilig gesteld.

Een stabielere economie

Een ander voordeel van publieke geldschepping is dat het zou bijdragen aan het verminderen van de huidige pieken en dalen in de economie. Zoals eerder aangegeven worden die pieken en dalen verergerd doordat private banken in economisch goede tijden door een te ruime kredietverlening en speculatie de economie nog verder aanjagen, met als gevolg een nieuwe crisis. Omgekeerd lenen ze in tijden van economische krimp juist te weinig geld uit en scheppen dus minder geld, juist als er meer nodig is voor economisch herstel. Publieke geldcreatie, vooral in combinatie met publiek bankieren, zou een eind maken aan dit verschijnsel, en er in het algemeen voor zorgen dat voldoende geld de economie inkomt om deze op het gewenste niveau te laten functioneren.

Minder speculatie, geen belastinggeld naar banken

Publieke geldcreatie zou de speculatie inperken die ook na de crisis van 2008 al weer nieuwe financiële luchtbellen creëert, daarmee de kiem leggend voor de volgende crisis.[21] Door speculatie in problemen komende banken zouden niet meer door de staat en daarmee de belastingbetaler gered hoeven worden. Het failliet van grote financiële spelers zou alleen voor de direct betrokkenen vervelende gevolgen hebben, maar niet zoals nu een bedreiging vormen voor het hele financiële systeem en daarmee, de hele economie en maatschappij.

Minder risico's, spaargeld veilig

In het algemeen zouden de risico's op faillissementen van banken beperkt worden. Dit omdat banken alleen nog maar met eigen geld

---

[21] De enorme hoeveelheden geld die circuleren in de financiële markten zouden bij de omschakeling naar een nieuw systeem niet zomaar verdwijnen, dus er zal nog steeds op grote schaal gespeculeerd worden. Maar de hoeveelheid geld daarvoor zal veel minder hard groeien daar private banken er geen geld meer voor kunnen scheppen. Intussen zouden centrale banken en overheden gezamenlijk moeten kijken naar manieren om die enorme hoeveelheden geld in de financiële markten geleidelijk terug te brengen. Hoe dat het beste zou kunnen zal variëren per type financieel product. Daarbij zal voorkomen moeten worden dat grote hoeveelheden van dit geld naar de reële economie vloeien, omdat dit tot een te grote vraag zou kunnen leiden. Dat zal geen grote problemen opleveren omdat van de meeste producten de prijzen zullen kelderen als ze op grote schaal verkocht worden. Verder zou om de stabiliteit op de financiële markten te bevorderen speculatie teruggebracht kunnen worden door een belasting op financiële transacties, de zogenoemde Tobin tax, genoemd naar een bekende Amerikaanse econoom en Nobelprijswinnaar.

en bij hen in beheer gegeven geld zouden werken: het zou niet meer mogelijk zijn grote hoeveelheden geld te scheppen en daarmee te speculeren, met alle risico's van dien. Bankieren zou dus stabieler en veiliger worden.

Tegelijkertijd zou een belangrijk voordeel voor spaarders zijn dat geld dat bij een bank op een rekening wordt gezet voortaan veilig zou zijn. Zoals eerder aangegeven raakt een spaarder nu bij een faillissement van een bank zijn geld kwijt, op het gedeelte dat door de overheid wordt gegarandeerd na. In het nieuwe systeem zou dat niet meer zo zijn. Geld op de bank zou dezelfde status krijgen als op dit moment aandelen of andere waardepapieren beheerd door diezelfde bank. Die waardepapieren blijven eigendom van de eigenaar, ook bij een faillissement van de bank. In het nieuwe systeem zou dat ook voor spaargeld het geval zijn, en zouden overheidsgaranties overbodig worden.

Transparantie

Tot slot zou het nieuwe systeem er voor zorgen dat geldschepping en toewijzing veel transparanter worden, en daarmee beter te controleren door de volksvertegenwoordiging. De huidige onevenredig grote invloed van de financiële sector op maatschappij en politiek zou afnemen, waardoor bestuurders minder druk zouden ondervinden om de belangen van de financiële sector te behartigen ten koste van het algemeen belang.

Publieke geldschepping: vraag- en kosteninflatie?

Wat zijn de risico's van geldcreatie door de overheid? Verdedigers van het huidige systeem geven vaak aan dat de overheid het recht zou misbruiken en teveel geld zou creëren, hetgeen inflatie zou veroorzaken. En inderdaad, als politieke beïnvloeding van het geldcreatieproces mogelijk zou zijn zou dat risico reëel zijn. Politici, uit op het paaien van kiezers en het tevreden stellen van bepaalde belangengroepen zouden druk uit kunnen oefenen om meer geld te creëren dan goed zou zijn. Zulke politieke invloed kan echter voorkomen worden door de monetaire autoriteit geheel onafhankelijk te laten opereren, zonder blootgesteld te worden aan politieke druk. Besluitvorming over de geldhoeveelheid zou dan enkel gebeuren op basis van technische criteria, door een groep onafhankelijke deskundigen.[22]

Onafhankelijkheid van centrale banken bestaat nu al in vrijwel alle ontwikkelde landen. Voor zover nodig kan zij nog eens extra in wetgeving worden vastgelegd. De centrale bank zou zo de status kunnen krijgen van wat sommige deskundigen een "vierde macht" noemen, een institutie met een eigen mandaat, autonomie en veranwoordelijkheid, net als de drie andere machten: de uitvoerende, de wetgevende en de rechterlijke.

Er blijft een zeker risico dat er teveel geld geschapen zou worden als de verantwoordelijken bij de centrale bank / monetaire autoriteit de productiecapaciteit van de economie zouden overschatten. Dat zou kunnen leiden tot een situatie waarin producenten zouden ervaren dat ze hun prijzen naar believen zouden kunnen verhogen omdat hun producten toch wel verkocht worden. Die prijsverhogingen zouden het algemene prijspeil kunnen verhogen en zo ongewenste inflatie veroorzaken: zogenaamde "vraaginflatie".

Anderzijds zouden werknemers, mede gedreven door hogere prijzen, hun looneisen kunnen opschroeven. Werkgevers, die zouden denken dat ze dat wel in de prijzen zouden kunnen doorberekenen, zouden die eisen ook in kunnen willigen. Ook toeleveranciers, dat wil zeggen producenten van grondstoffen en halffabrikaten of onderdelen, zouden hun prijzen kunnen verhogen in de verwachting dat de afnemers – de makers van de eindproducten – toch wel zouden betalen. De verhoging van het prijspeil die daar uit voort zou komen noemt men wel "kosteninflatie".

Vraag- en kosteninflatie samen zouden leiden tot een "loon-prijs spiraal". Dit verschijnsel deed zich onder meer in de jaren zeventig van de vorige eeuw voor. Pas na een zware economische terugval kwam hieraan een einde. Zo'n spiraal moet dan ook voorkomen worden.

---

[22] De Britse organisatie voor monetaire hervorming Positive Money stelt voor Groot-Brittannië een "Monetary Creation Committee" voor, vergelijkbaar met het huidge Monetary Policy Committee bij de Britse centrale bank, de Bank of England.

Voorkoming van vraag- en kosteninflatie

In het algemeen zou de centrale bank vraag- en kosteninflatie voorkomen door er voor te zorgen dat er niet zoveel geld in omloop zou komen dat het productieapparaat de vraag niet bij zou kunnen benen. In de praktijk zou dat onder meer kunnen door overheidsprojecten en programma's niet uit te besteden aan private bedrijven die te hoge kosten in rekening zouden brengen. In gevallen dat alle aanbiedende partijen zouden overvragen zouden de te financieren activiteiten uitgesteld moeten worden, totdat ze wel tegen een redelijk prijs aangenomen zouden worden.[23] Zulk beleid zou ook te vergaande looneisen in de betrokken sectoren afremmen.

Daarnaast zouden te hoge looneisen in zowel de private als de overheidssector voorkomen moeten worden. Dat zou in eerste instantie, voordat wordt overgegaan naar publieke geldschepping, kunnen door alle betrokken partijen goed te informeren over zowel de voordelen als de voorwaarden van publieke geldschepping. Afspraken met werkgevers, werknemers en andere belanghebbenden zouden vervolgens moeten leiden tot een maatschappijbreed sociaal akkoord. Daarna zou regelmatig overleg moeten plaatsvinden om die afspraken aan te passen aan veranderende omstandigheden.

Overigens is het te verwachten dat met een publiek geldsysteem en zich verantwoordelijk gedragende producenten en werknemers de inflatie af zou nemen en zelfs verdwijnen. Dat komt omdat als eerder aangegeven centrale banken op dit moment streven naar een inflatie van rond de twee procent, omdat dat de economische groei zou bevorderen. Die groei is nodig om de met kredietverlening aangegane schuldverplichtingen na te komen. In een systeem van publieke geldcreatie zouden die schuldverplichtingen sterk verminderen en zou dus het bevorderen van groei en inflatie veel

---

[23] Dit zou ook een andere manier van budgetteren impliceren. Nu is er vaak drang om een budget uit te geven omdat als dit niet tijdig gebeurt het geld teruggaat naar de schatkist. Dat kan er toe leiden dat men het volgend jaar minder geld ontvangt. Zorgvuldig management door uitgaven uit te stellen wordt dus in de huidige situatie afgestraft – iets dat nodig moet veranderen, zelfs al zou de overheid niet (binnen grenzen) haar eigen geld mogen scheppen.

minder en wellicht niet meer nodig zijn. Men zou dus kunnen streven naar prijsstabiliteit, waardoor onder meer spaargeld zijn waarde zou behouden.

De transitie

Hoe zou de overgang van private naar publieke geldcreatie in zijn werk gaan? Andrew Jackson en Ben Dyson van de Engelse organisatie Positive Money, waarschijnlijk de meest vooraanstaande organisatie op het gebied van monetaire hervorming, beschrijven de transitie in een boek getiteld *Modernising Money*.[24] Zij beschrijven twee fasen. In de eerste fase, van de ene dag op de andere ("overnight" in het Engels) zouden de nieuwe regels van geldschepping en kredietverlening worden ingevoerd. Tegelijkertijd zouden de benodigde boekhoudkundige aanpassingen op de balansen van banken en overheid worden gemaakt.

In de tweede fase, die tien tot twintig jaar zou duren, zouden de onder het oude, huidige systeem gecreëerde schulden geleidelijk worden afgelost, al dan niet met door de centrale bank gecreëerd geld. De Positive Money-publicatie spreekt in dit verband van het bijkomen van "the hang-over of debt", de "schuldkater". Overheidsschulden zouden volgens schema met nieuw door de centrale bank gecreëerd geld worden afgelost. Private schulden zouden kunnen worden afbetaald met de al genoemde uitkering van een "citizen's dividend" en met geld "uit de markt".

Mandaat van de monetaire autoriteit

Na de transitie besluit de monetaire autoriteit over de hoeveelheid nieuw te scheppen geld. Het mandaat van deze autoriteit wordt, net als dat van de centrale bank, bij wet vastgelegd, en zal neerkomen op het voorkomen van inflatie en het zorgen voor de juiste hoeveelheid geld in de economie. Dat betekent dat er voldoende geld in omloop wordt gebracht om zowel in de publieke behoeften als in de vraag

---

[24]De volgende link geeft een overzicht en een samenvatting van de inhoud van het boek: http://www.positivemoney.org/wp-content/uploads/2013/01/Modernising-Money-Free-Overview.pdf

naar geld van individuele burgers en bedrijven te voorzien, op een manier die geen inflatie veroorzaakt maar wel optimaal gebruik maakt van de productieve capaciteit van de economie. Dit houdt in dat de geldhoeveelheid en daarmee de totale vraag beperkt wordt tot een niveau waarbij producenten zonder hun prijzen te verhogen aan die totale vraag voldoen, waardoor er geen vraag- of kosteninflatie optreedt.

Hoe het geld in de economie gebracht wordt

Zoals al aangegeven zou nieuw gecreëerd geld in de economie worden gebracht via de overheid en via banken. De overheid zou dat op verschillende manieren kunnen doen: door overheidsbestedingen, door directe betalingen aan burgers, zoals het al genoemde burgerdividend, en door het afbetalen van overheidsschulden.. Een andere mogelijkheid is belastingverlaging, waarbij de verminderde belastinginkomsten met nieuw gecreëerd geld gecompenseerd zouden worden.

Regering en parlement zouden bepalen welke van deze vormen op welke schaal gebruikt zouden worden. De monetaire autoriteit en de regering zouden nauw samenwerken om geldcreatie, het genereren van overheidsinkomsten op andere manieren zoals belastingheffing, en de hoogte van de overheidsuitgaven goed op elkaar af te stemmen.

8. OBSTAKELS EN OPLOSSINGEN

Inflatiefobie

Het voornaamste obstakel voor publieke geldcreatie is in het bovenstaande al genoemd: de vrees dat bij het scheppen van geld door de overheid vroeger of later grootschalige inflatie op zal treden. Overheden, zo wordt gedacht, zullen zichzelf niet kunnen bedwingen waardoor de geldschepping uit de hand loopt en er te veel geld in omloop zal komen. We hebben al gezien hoe dat ondervangen kan worden: door geldschepping te delegeren aan een onafhankelijke monetaire autoriteit.

Een groter probleem is het geloof van de gangbare economie in de geldhoeveelheidstheorie, die er van uit gaat dat de bestaande geldhoeveelheid al in balans is met vraag en aanbod. Zelfs een kleine vergroting van de geldhoeveelheid buiten de markt om zou, zo wordt gedacht, daarom al tot inflatie leiden. Vooral de Duitse monetaire autoriteiten hechten aan die theorie en hebben daarnaast een ware inflatiefobie. Die dateert uit de al eerder genoemde hyperinflatie in hun land in de jaren twintig van de vorige eeuw. Vandaar ook dat het enige doel van de Duitse centrale bank en onder Duitse invloed, de Europese centrale bank het onder controle houden van de inflatie is. Ter vergelijking, de Amerikaanse Centrale Bank, de Federal Reserve, heeft een dubbele doelstelling: inflatiebestrijding en bestrijding van de werkloosheid.

Klopt het dat het risico op (hyper)inflatie groter is bij publieke dan bij private geldcreatie? Historisch onderzoek heeft uitgewezen dat juist systemen gebaseerd op geldcreatie door private banken vaak tot kleinere en grotere crises leidden, inclusief periodes met hyperinflatie.[25] Het koppelen van de angst voor een hoge inflatie aan publieke geldcreatie is dan ook onterecht. Wat natuurlijk de noodzaak niet wegneemt een nieuw systeem zo in the richten dat de

---

[25] Zie onder meer *The Chicago Plan Revisited*, Jaromir Benes and Michael Kumhof, 2012, IMF Working Paper,
http://www.imf.org/external/pubs/ft/wp/2012/wp12202.pdf, waarin verwezen wordt naar een aantal andere historische analyses.

inflatie op het gewenste niveau gehouden wordt. In een systeem waarbij een publieke monetaire autoriteit verantwoordelijk is voor geldcreatie zijn de mogelijkheden daartoe veel groter dan in het huidige systeem.

Private geldschepping: een economisch dogma

In het gangbare economisch denken is geldcreatie voor en door de overheid dus taboe: men gaat er van uit dat alleen marktwerking er voor kan zorgen dat de juiste hoeveelheid geld wordt gecreëerd. Vooral rechtse economen hebben vertrouwen in die zelfregulerende werking van de markt; in het midden en op links ziet men meer noodzaak tot regulering. Maar het geloof dat de economie als geheel en geldcreatie in het bijzonder aan de private sector en daarmee de markt moeten worden overgelaten is zo goed als onaantastbaar. Het is één van de voornaamste dogma's van de economische kerk. Daarom worden alternatieven als publieke geldschepping in de gangbare economie nauwelijks overwogen, zelfs niet tijdens een financiële en economische crisis die mede werd veroorzaakt door onverantwoordelijke private geldschepping.

De werkelijke oorzaak van inflatie

Zoals al aangegeven kan teveel geld scheppen inderdaad inflatie veroorzaken, doordat bij een buitensporige vraag producenten en werknemers hogere prijzen en lonen vragen en die ook daadwerkelijk krijgen. Maar er is een nog groter risico: verlies van vertrouwen, dat wil zeggen, van het geloof dat het geld zijn waarde zal behouden.

De oorzaak van hyperinflatie is niet een buitensporige geldhoeveelheid op zich, maar verlies aan vertrouwen. Ook de Duitse hyperinflatie is daar een goed voorbeeld van. Berichten over die periode vermelden steevast dat de geldpersen de geldontwaarding niet bij konden houden, ofwel niet snel genoeg geld bij konden drukken: het geld verloor zijn waarde voordat het gemaakt was. Het bijdrukken was dus geen oorzaak maar een gevolg van de geldontwaarding.

Je hoeft niet ver te kijken om je te realiseren dat de geldhoeveelheid op zich van weinig betekenis is. Zowel in de opmaat naar de crisis als daarna zijn door te veel kredietverlening, speculatie en allerlei exotische financiële producten enorme hoeveelheden geld gecreëerd – veel meer dan gerechtvaardigd werd door de toename van de reële productie en vraag. Je zou dus kunnen zeggen dat er in de opmaat naar de crisis en zelfs na die crisis veel te veel geld in omloop is gebracht. En toch blijft de inflatie laag. Men is zelfs bang voor deflatie: toename van de waarde van het geld omdat de prijzen dalen.

Een vergroting van de geldhoeveelheid zonder dat dit inflatie veroorzaakt kan dus wel. Alleen moet dat zo gebeuren dat de grotere geldhoeveelheid zich niet vertaalt in een zodanig toegenomen vraag naar goederen en diensten in de reële economie dat producenten en werknemers hun prijzen en looneisen naar believen kunnen verhogen. Dat is in de afgelopen decennia niet gebeurd omdat het geld niet in de reële economie terecht kwam maar in het financiële circuit, de virtuele economie, waar het gebruikt is voor de speculatie die de crisis veroorzaakte.

Vertrouwen behouden

Om (hyper)inflatie te voorkomen zijn dus twee dingen nodig. Enerzijds moet er voor worden gezorgd dat publieke geldcreatie niet meer vraag schept dan het productieapparaat aan kan. Anderzijds moet het brede publiek er op vertrouwen dat het geld zijn waarde zal houden. Voor beide aspecten is de beste garantie het wegleggen van de besluitvorming over geldcreatie bij een onafhankelijke, technisch competente monetaire autoriteit die vertrouwen inspireert: de centrale bank.

De waarde van geld wordt echter niet alleen door de gebruikers bepaald maar ook, en misschien nog wel meer, op de internationale financiële markten. Om ook daar het vertrouwen in een publiek gecreëerde valuta te behouden zal waarschijnlijk een grotere uitdaging zijn.

Kan transitie in één land?

Veel voorstanders van monetaire hervorming, waaronder de deskundigen van Positive Money, denken dat het goed mogelijk is de transitie naar een systeem van publieke geldcreatie in één land plaats te laten vinden. Zij doen dat op basis van een rationele analyse van de economische gevolgen van de transitie. Het blijft echter onzeker hoe de financiële markten zouden reageren op de aankondiging van een land dat het de overstap zou maken of zelfs, op het nieuws dat een land dat zelfs maar zou overwegen.

Ook IMF experts Benes en Kumhof stellen dat de economische voordelen van het nieuwe geldsysteem, in hun geval het Chicago Plan, zo groot zijn dat de financiële markten geen gevaar zouden vormen voor het land dat het in zou voeren. Zij bespreken wel de mogelijkheid van een "irrationele speculatieve aanval" ná de transitie, en geven de maatregelen aan die daartegen genomen zouden kunnen worden. Echter, ze noemen niet het boven genoemde grotere gevaar dat zo'n aanval plaats vindt vóór de transitie, enkel op basis van het feit dat de transitie is aangekondigd of wordt vermoed. En juist daar schuilt het gevaar, omdat die reactie waarschijnlijk meer op psychologische dan op rationeel-economische gronden gebaseerd zou zijn. Sommige houders van de valuta van dat land zouden, in lijn met het economisch dogma, kunnen denken dat het geld snel in waarde zou dalen en er daarom zo snel mogelijk van af willen. Daardoor zou de waarde inderdaad snel dalen, ook al omdat andere handelaren ook bang zouden worden voor een daling en daarom ook de betreffende munt zouden verkopen. Er zou een zichzelf vervullende profetie optreden: omdat men afname van de waarde van het geld verwacht vertoont men gedrag waardoor dit ook daadwerkelijk gebeurt.

Om dit risico van zo'n paniek op de financiële markten te vermijden lijkt het verstandiger om de transitie in meerdere landen tegelijk uit te voeren, bij voorkeur door een meerderheid van landen met internationaal geaccepteerde, "sterke" munten. Zo zouden centrale banken de besluitvorming over de hoeveelheid te scheppen geld ook beter kunnen coördineren met andere centrale banken. Economieën en financiële systemen zijn tegenwoordig zo met elkaar verweven dat beslissingen over de hoeveelheid te scheppen geld het best gezamenlijk plaats zouden kunnen vinden.

Voor een transitie in meerdere landen tegelijk zou een internationale conferentie gehouden moeten worden over het opzetten van een nieuw financieel systeem. Dat is al eerder gebeurd: in het laatste jaar van de Tweede Wereldoorlog. Toen kwamen vertegenwoordigers van 44 landen bij elkaar in het Amerikaanse Bretton Woods om afspraken te maken over de regels, instellingen en procedures die na de oorlog het internationale financiële verkeer zouden regelen. Iets vergelijkbaars zou nu moeten plaatsvinden.

Psychologische obstakels

Naast inflatiefobie zijn er meer obstakels die de creatie van een nieuw geldsysteem blokkeren. Die zijn meer van psychologische aard. Mensen, en daarmee samenlevingen, zijn van nature behoudend en risicomijdend: we vervangen niet graag iets bestaands door iets anders. Dat geldt zeker voor zo iets belangrijks als het geldsysteem. Die voorzichtigheid is nog groter als het ons relatief goed gaat – en dat is in ons land, ondanks de crisis, voor de meeste mensen het geval.

De bereidheid tot verandering wordt nog kleiner als we ons er niet van bewust zijn dat er een goed alternatief is. En zelfs dan zal er nog argwaan zijn tegenover iets dat zo simpel lijkt als publieke geldcreatie. Het lijkt te mooi om waar te zijn, en er zal dus wel een flinke adder onder het gras moet zitten. Als gezegd: het idee dat geld zomaar "gemaakt" zou kunnen worden en naar de overheid of naar bedrijven en burgers zou kunnen worden doorgeschoven is ons vreemd. Dat gaat tegen onze cultuur in: geld moet eerst verdiend worden voor het kan worden uitgegeven.

Overwinnen van psychologische barrières

Om die psychologische obstakels te overwinnen moeten we terug naar het karakter van geld. We moeten ons realiseren dat geld niet meer is dan een symbool dat het (virtuele) smeermiddel van onze economie vormt. Dat we er daarom zoveel van kunnen (bij)maken als we nodig hebben, binnen de al genoemde limieten van vertrouwen, vraag en productievermogen. En we moeten ons vooral bedenken dat er geen enkele reden is om, zoals nu in de naweeën van de crisis het geval is, onze vele maatschappelijke problemen niet aan te pakken omdat er geen geld zou zijn – lees: omdat de overheid, dankzij het uit handen geven van het privilege van geldcreatie aan private banken, er geen geld voor heeft.

Nog een manier om onze psychologische barrières tegen verandering te overwinnen is om ons heen kijken. Dan zien we dat links en rechts bedrijven failliet gaan en diensten worden afgeslankt of opgeheven. Daaronder ook bedrijven en diensten die de goederen en diensten zouden kunnen leveren om onze milieu- en sociale problemen effectief aan te pakken. Tegelijkertijd verliezen mensen hun baan, de werkloosheid en economische onzekerheid groeit en wordt steeds hardnekkiger, jongeren komen niet meer aan de bak. Als we dat zien moeten we ons realiseren dat dit enkel komt vanwege het feit dat we geldschepping overlaten aan winstgerichte bedrijven. Ofwel, aan onze keuze voor een geldsysteem dat ons niet alleen in de crisis bracht maar ons nu ook belemmert om er weer uit te komen en onze maatschappelijke problemen aan te pakken.

We kunnen aanvoeren dat we die keuze niet bewust gemaakt hebben. Maar we kunnen dat niet als excuus gebruiken om, als we ons zowel van die keuze als van het alternatief bewust zijn, geen actie te ondernemen.

Invloed van de banken: geld is macht

Naast inflatiefobie en conservatisme is er nog een andere factor die de overgang naar geldschepping door de overheid belemmert: de gevestigde belangen van de financiële sector. Vooral de grote "systeembanken" hebben enorme politieke invloed, en wenden die aan om voor hen gunstige regelgeving te bevorderen. Daar komt bij dat er in de Verenigde Staten sprake is van een soort draaideur constructie: ministers op sleutelposities in het Ministerie van Financiën (the Treasury Department) en de centrale bank (de Federal Reserve) komen vaak van grote internationaal opererende banken, met name de beruchte investeringsbank Goldman Sachs. Na hun ministerschap keren de betrokkenen vaak weer terug naar de financiële sector. Dat betekent dat de belangen van het private bankwezen tot in het hart van de overheid sterk vertegenwoordigd zijn.

En dan hebben we het nog niet over de miljarden die de banken uitgeven aan lobbyisten.[26] Die moeten parlementsleden beïnvloeden om voor de banken gunstige wetgeving door het parlement te krijgen, of wetgeving die als ongunstig gezien wordt tegen te houden of aan te passen.

De enorme invloed van de lobby blijkt uit het feit dat in de Verenigde Staten de grootste banken, voor een belangrijk deel verantwoordelijk voor het veroorzaken van de crisis van 2008, maar in enkele gevallen relatief kleine schadevergoedingen hebben hoeven te betalen voor frauduleus handelen. Dat geldt ook voor die gevallen waarin het management en hun ondergeschikten aantoonbaar in de fout waren gegaan. Zelfs als banken boetes of schadevergoedingen hebben betaald waren de bedragen vaak maar een fractie van datgene wat ze met de kwalijke praktijken waarvoor ze compensatie betaalden verdiend hadden. In vrijwel alle gevallen is over de betrokken bedragen onderhandeld en was de boete of schadevergoeding onderdeel van een regeling waarbij de banken geen schuld hoefden te bekennen. Van gevangenisstraffen voor verantwoordelijke personen was al helemaal geen sprake.

In de Verenigde Staten is tenminste nog iets gedaan: in Europa en Nederland zijn banken en andere financiële instellingen de dans helemaal ontsprongen. In Nederland blijkt de onschendbaarheid van de financiële sector misschien nog het best uit het feit dat banken en verzekeraars nooit bestraft zijn voor de zogenaamde woekerpolisaffaire. Nog erger, de door de overheid gesteunde overeenkomsten voor schadevergoedingen aan gedupeerden zijn maar een fractie van wat de financiële sector aan de betrokken polissen verdiend heeft, ten koste van de argeloze spaarder en belegger.

Overheden vandaag de dag pakken de gevestigde belangen dus niet of nauwelijks aan. Een mooi voorbeeld is ook Engeland, waar de

---

[26] Corporate Europe Observatory beschreef in een rapport uit 2014 dat de financiële sector alleen al in Brussel 1700 lobbyisten heeft.

financiële sector ("The City") van zo'n belang is voor de economie dat de Engelse regering er alles aan doet om Europese maatregelen om de sector onder controle te krijgen tegen te houden. Geld is macht, en het vermogen geld te scheppen maakt de macht van de financiële sector alleen maar groter.

Economisch dogma beschermt financiële sector

Het is dus te verwachten dat de financiële sector er alles aan zal doen om de omschakeling naar een nieuw systeem, waarin de overheid verantwoordelijk wordt voor geldcreatie en banken niet langer geld mogen scheppen, te blokkeren. Maar op dit moment is het nog nauwelijks nodig voor de financiële sector om de strijd aan te gaan tegen een nieuw geldsysteem. Daarvoor kan men rekenen op de gangbare economie: het geloof van economen en in hun kielzog, beleidsmakers, politici en de media, in markten. Het geloof dat geen mens, geen organisatie op kan tegen wat economen, naar de 18^e eeuwse politieke econoom Adam Smith, de onzichtbare hand van de markt noemen. Dit dogma van de onfeilbaarheid van de markt is een nog groter obstakel voor verandering dan de macht van de financiële sector. Want de gangbare economie idealiseert niet alleen de markt maar wantrouwt ook de overheid. Enerzijds omdat die niet aan de discipline van de markt bloot staat en daarmee, aan de controle van de onzichtbare hand. Anderzijds omdat handelingen van de overheid vaak neerkomen op interventies in de markt, wat gezien wordt als een bedreiging van de perfecte balans waarin vooral conservatieve economen zo heilig geloven. Zo vormen de beoefenaars van de gangbare economie, bewust of onbewust, de eerste, formidabele verdedigingslinie tegen verandering.

De macht van de financiële sector doorbreken

Maar als er breuken ontstaan in die linie, als althans een deel van de economen de dogma's van hun geloof opzij kan zetten en serieus na gaat denken over een ander geldsysteem, "for the people, by the people", dan is het te verwachten dat de financiële sector alles in de strijd zal gooien om het huidige systeem te behouden. Het zal een zware strijd worden, maar toch zou het mogelijk moeten zijn de invloed en macht van de financiële sector te overwinnen.

Uiteindelijk is het maar een klein aantal mensen dat van het huidige systeem profiteert én er onder een nieuw geldsysteem gebaseerd op publieke geldcreatie op achter uit zou gaan. Het zijn alleen die bank managers en handelaren die zichzelf en hun collega's naast hun toch al hoge salarissen ook nog eens enorme bonussen toekennen, en die speculanten die geld verdienen aan het gerommel in de financiële sector. Dat gaat op zijn hoogst om enkele tienduizenden mensen.

Daarnaast zijn er de aandeelhouders die onder een systeemverandering zouden kunnen lijden, waaronder algemene nutsinstellingen zoals pensioenfondsen. Die zouden echter onder een nieuw geldsysteem voor een waardevermindering van de aandelen in beursgenoteerde banken gecompenseerd kunnen worden.[27]

---

[27] Overigens is het helemaal de vraag of onder een nieuw geldsysteem pensioenfondsen in de huidige vorm zouden moeten blijven bestaan. Bij publieke geldcreatie zou de noodzaak voor verplicht pensioensparen verdwijnen of verminderen. Het probleem zou dan niet meer zijn dat, zoals nu, zonder zo'n stelsel de werkenden van dat moment de pensioenen moeten betalen van de niet-werkenden, door stortingen in sociale zekerheidsfondsen of via de belastingen. In het huidige financiële systeem zorgt zo'n "pay as you go" systeem voor een groeiende druk op de netto inkomens van de werkenden en het overheidsbudget, vooral in landen met vergrijzende bevolkingen. Met publieke geld creatie zou de staat meer financiële armslag hebben om de pensioenen te betalen omdat veel publieke investeringen niet langer via de belastingen maar door geldcreatie zouden worden gefinancierd. De uitdaging zou dan niet langer zoals nu een monetaire zijn, maar het zorgen dat er voldoende goederen en diensten geproduceerd worden om in de maatschappelijke behoeften en vraag van zowel werkenden als niet-werkenden te voorzien. Die uitdaging ligt er overigens ook nu al, maar wordt geheel versluierd door de voortdurende discussie over de financiële kant: de hoogte van pensioenen en premies, het dekkingspercentage, en het al of niet compenseren voor inflatie. Publieke geldcreatie zou wel de mogelijkheid geven van de juiste focus, omdat de financiële problematiek grotendeels zou wegvallen. Dus zouden beleidsmakers, wetenschap en bedrijfsleven zich kunnen concentreren op de werkelijke opdracht: met minder beschikbare arbeid een vergrijzende bevolking goed te verzorgen en tegelijktijd in de andere maatschappelijke behoeften te voorzien. Dat is geen kwestie van geld maar van productiecapaciteit, van het effectiever en efficiënter inzetten van beschikbare arbeid en technologie.

Verder zou iedereen er met een nieuw systeem op vooruitgaan. Burgers zouden profiteren van meer, betere en goedkopere overheidsvoorzieningen, belastingverlagingen, lagere schulden, en een mogelijk burgerdividend. Voor de overheid zou het mogelijk worden veel meer voor de toekomst en daarmee voor toekomstige generaties te investeren. Producenten, vooral van goederen en diensten benodigd voor de omschakeling naar een meer duurzame maatschappij en economie, zouden voordeel hebben van de toegenomen vraag van de overheid. Het midden- en kleinbedrijf zou niet alleen profiteren van de toegenomen vraag van de overheid maar ook van die van bedrijven die aan die overheid leveren en van de toegenomen vraag van consumenten. Door de toegenomen vraag en economische activiteit zouden ook veel werklozen weer aan de slag kunnen, al dan niet na herscholing. Je zou zeggen, met zoveel voordelen voor zo'n grote groep zou het mogelijk moeten zijn een massale volksbeweging op de been te krijgen en daarmee de

---

Het opheffen of verkleinen van pensioenfondsen zou nog een ander voordeel hebben: het zou de hoeveelheid geld dat de financiële markten instroomt op zoek naar rendement sterk terugbrengen. Het massaal sparen voor pensioenen draagt er aan bij dat teveel geld op zoek is naar te weinig investeringsmogelijkheden: hét recept voor een financiële crisis. Dit probleem speelt nu al, maar zou nog veel groter zijn als alle landen zich zo "verantwoordelijk" zouden gedragen en zulke grote pensioenfondsen zouden hebben als Nederland. Dat is niet het geval: de meeste Europese landen, waaronder Frankrijk, Italië, en zelfs Duitsland hebben een omslagstelsel waarin het grootste deel van het pensioengeld direct wordt betaald uit bijdragen van werkenden en de overheidsbegroting. In de komende jaren gaat dat, dankzij de vergrijzing en het huidige geldsysteem, grote financiële problemen geven. Anderzijds zou, als al deze landen een pensioenstelsel zouden hebben als Nederland, de hoeveelheid geld op zoek naar rendement in de financiële markten sterk toenemen, zonder dat daar nieuwe investeringsmogelijkheden tegenover zouden staan. Simpel gezegd: men zou niet weten waar men met al dat geld naartoe zou moeten. De conclusie is dan ook dat het huidige pensioenstelsel onverenigbaar is met het huidige geldsysteem. Aan de ene kant omdat brede internationale toepassing van het sparen voor pensioenen tot een veel te grote oppotting van geld leidt. En aan de andere kant omdat een omslagstelsel in een geldsysteem waarin geldcreatie gekoppeld is aan schuld en rente, niet te betalen is.

gevestigde belangen van een kleine groep, hoe machtig en invloedrijk ook, te overwinnen.

Onze grootste fout

Misschien wel het grootste obstakel voor verandering is dat we zoiets cruciaals als de verandering van ons geldsysteem overlaten aan diegenen van wie we denken dat ze deskundig zijn. Wij weten er te weinig van, zij hebben er voor doorgeleerd, dus we gaan af op wat zij zeggen. En als zij het huidige systeem niet ter discussie stellen, wie zijn wij dan om dat te doen?

Probleem is dat, zoals we al hebben gezien, de deskundigen niet met betere alternatieven voor ons geldsysteem komen. Niet omdat economen ons daar bewust van af houden: de meesten geloven oprecht dat het huidige systeem van geldschepping het beste voor de samenleving is. Het probleem is dat hun opleiding en beroepspraktijk hen een vertekend beeld van de werkelijkheid en een tunnelvisie geven. Daardoor is men zich niet bewust van de misvattingen van hun wetenschap en de daaraan gekoppelde beleidsaanbevelingen, en zijn niet in staat de economische realiteit vanuit een ander perspectief te bekijken.

Dat wil niet zeggen dat er geen kritische economen zijn die bepaalde onderdelen en aannames uit hun wetenschap ter discussie stellen. Probleem is echter dat dit een minderheid is die maar weinig invloed heeft op de beroepspraktijk, en nog minder op het beleid. En zelfs de meeste vertegenwoordigers van deze groep gaan niet zover dat ze de dogma's van hun wetenschap ter discussie stellen, terwijl juist dáár het probleem zit.[28]

---

[28] Een verdere onderbouwing van deze kritiek op de gangbare economie en haar vertegenwoordigers wordt gegeven in het boekje *Economie: wetenschap of geloof?* (in voorbereiding). Een veel meer uitgewerkte uitleg in het Engels is te vinden in het boek *Crisis, Economics and the Emperor's Clothes* (Frans Doorman, 2012) waarin wordt aangegeven waarom de (gangbare) economie faalt als wetenschap, wat de gevolgen zijn van dat falen, en hoe het anders kan. Het boek is te bestellen op www.lulu.com, en kan gratis gedownload worden als pdf van www.new-economics.info.

9. WAT TE DOEN?

Het openen van het debat

Er moet een serieus publiek en politiek debat komen over de voor- en nadelen van het huidige geldsysteem, over het in dit boekje omschreven alternatief, publieke geldschepping, en over hoe een eventuele systeemverandering vorm zou kunnen krijgen. Dit te meer daar volgens veel experts een volgende crisis al weer in de maak is. De gevolgen daarvan zullen nog ernstiger zijn dan die van de huidige, temeer omdat deze nog lang niet is uitgewoed. Politieke partijen maar ook het maatschappelijk middenveld – vakbonden, milieuorganisaties, belangenbehartigers van het midden en kleinbedrijf – zouden op zo'n debat aan moeten dringen. De media zouden een belangrijke rol moeten spelen in het faciliteren van zo'n discussie. Economen die bereid zijn om mee te denken en te werken aan het ontwikkelen van alternatieven kunnen een sleutelrol vervullen. De meningen van economen die niet verder komen dan te proberen op oneigenlijke wijze de discussie de grond in te boren zullen, na gehoord te zijn, terzijde geschoven moeten worden.

Discussie op basis van argumenten

Wij, normale burgers, zullen ons in dit debat niet af moeten laten schrikken door mensen die pretenderen de wijsheid in pacht te hebben, er voor doorgeleerd hebben, hoogleraar zijn of anderszins hoge posities vervullen, en groot aanzien en prestige genieten. We zullen er van uit moeten gaan dat economen weliswaar vaak razend knappe koppen zijn maar dat veel van hen tegelijkertijd, door hun opleiding en beroepspraktijk, zodanig professioneel gevormd en vervormd zijn dat ze niet zozeer wetenschap bedrijven als een geloof verkondigen. We kunnen en mogen de inrichting van ons geldsysteem en onze economie niet delegeren aan een beroepsgroep wiens wetenschap zulke ernstige tekortkomingen vertoont.

De analogie met de kerncentrale komt weer boven: we laten de besluitvorming over het al dan niet opwekken van kernenergie ook niet over aan de kernfysici maar besluiten zelf, op basis van een gedegen afweging van de voor- en nadelen van kernenergie in vergelijking met die van andere vormen van energieopwekking, of we al dan niet kernenergie willen. Ook al begrijpen we niet precies hoe een kerncentrale werkt, we zien wel wat de uitkomsten zijn van die vorm van opwekking en vergelijken die met andere vormen. Die vergelijking brengt ons dan tot een besluit.

Eigenlijk gaat deze analogie maar gedeeltelijk op. Bij de beslissing over kernenergie laten we, als we verstandig zijn, de meningen van kernfysici en vergelijkbare deskundigen zwaar meewegen: ook zij hebben er voor doorgeleerd. Maar in tegenstelling tot economen hebben zij wel de juiste kennis: kerncentrales functioneren. Economen hebben die kennis veel minder, door de tekortkomingen van hun wetenschap, een vertekend beeld van de werkelijkheid, en theorieën die niet zozeer gebaseerd zijn op de realiteit als op geloof en de onrealistische aannames die nodig zijn om hun wiskundige modellen te laten werken.

Het bovenstaande neemt natuurlijk niet weg dat economen, als ze die wiskundige modellen opzij zetten en hun intellectuele capaciteiten gebruiken voor een gedegen analyse van heden en verleden, een uiterst zinnige bijdrage kunnen leveren aan de discussie. Wel luisteren dus, maar al datgene afwijzen dat voortkomt uit het gangbaar economisch geloof en de daaraan gerelateerde dogma's. In andere woorden, we moeten alleen aannemen wat de deskundigen zeggen als dat door goed afgewogen argumenten en de analyse van feiten onderbouwd wordt.

Een zware strijd

De strijd tegen het economisch dogma en daarmee, tegen de gevestigde orde van de gangbare economie, zal waarschijnlijk zwaarder zijn dan de strijd die de anti-kernenergie activisten tegen de kernlobby voerden en soms nog voeren. Dat komt enerzijds omdat de strijd niet gestreden wordt tegen technici en wetenschappers maar tegen gelovigen. En anderzijds, omdat het economisch geloof niet alleen door economen wordt aangehangen maar ook door de meeste politici en media.

Geld is niet moeilijk

Wellicht het allerbelangrijkst is dat we ons niet moeten laten weerhouden door het argument dat geld en geldcreatie complexe zaken zijn die zelfs door veel experts niet goed begrepen worden. Want hoe ingewikkeld economen en andere financiële deskundigen het ook maken, feit blijft dat geld eigenlijk iets heel simpels is, een symbool dat werkt zolang we er vertrouwen in hebben en waarvan we, binnen bepaalde grenzen, zo veel bij kunnen maken als we nodig achten. Dat is het simpele, maar correcte uitgangspunt van de discussie die we moeten aangaan.

Doelgroep van de discussie: politici

Die discussie moet vooral worden aangegaan met diegenen die ons vertegenwoordigen en in het bijzonder verantwoordelijk zijn voor het algemeen belang: de politici. Voor het op de agenda krijgen van die discussie zal brede maatschappelijke steun nodig zijn van al die mensen en groeperingen die niet alleen hun eigen belangen op het oog hebben maar ook die van anderen: van degenen die onder de crisis lijden, de armen in het noorden en zuiden, degenen die geen toegang hebben tot goed onderwijs en een goede gezondheidszorg, degenen wiens gezondheid lijdt onder milieuvervuiling, en vooral ook, toekomstige generaties.

De transitie: de plannen moeten klaar liggen

Hoe sneller de transitie naar een publiek geldsysteem plaats vindt, hoe beter. Maar realistisch gesproken zou het ook wel eens lang kunnen duren voordat zo'n grote verandering wordt. Waarschijnlijk is daar een nieuwe crisis voor nodig, een nog grotere dan de laatste – een crisis, overigens, die volgens veel deskundigen, zoals de zaken nu lopen, onvermijdelijk is.

Misschien kunnen we iets leren van de bekende econoom Milton Friedman, proponent van het Chicago Plan maar op latere leeftijd ook een uiterst rechtse econoom met een afkeer van alles wat naar overheid en staatsingrijpen rook. Hij was vele jaren bezig de grondslagen te leggen voor het beleid dat begin jaren tachtig in de Verenigde Staten en Groot-Brittannië werd gevoerd onder de regeringen van Ronald Reagan en Margaret Thatcher. Hij omschreef de weg daar naar toe als volgt: "Alleen een crisis, echt of ervaren, leidt tot echte verandering. Als die crisis optreedt hangen de te ondernemen acties af van de ideeën die er dan klaar liggen. Dat zie ik als onze voornaamste rol: het ontwikkelen van een alternatief voor het bestaande beleid, het in leven houden van de plannen, en er voor zorgen dat ze beschikbaar zijn zodra het politiek onmogelijke het politiek onvermijdbare wordt." Friedman schreef dit ruim twintig jaar voordat Reagan en Thatcher zijn ideeën in praktijk brachten.

De les die we van Friedman kunnen leren is dat als de kans zich voordoet om over te gaan van private naar publieke geldcreatie de plannen daarvoor klaar moeten liggen. Voor Groot Brittannië zijn die plannen, dankzij de inspanningen van de organisatie Positive Money, al ver gevorderd. Waarschijnlijk zijn die plannen grotendeels ook toepasbaar op Nederland en de Eurozone. Maar hoe dan ook, ook voor Nederland en de Eurozone moet er op zo kort mogelijke termijn een goed uitgewerkt overgangsplan komen en zo mogelijk, als in de Verenigde Staten, een wetsontwerp.[29]

Een rol voor economen?

Als gezegd zijn er veel economen die kritisch staan tegenover het wereldbeeld en de beoefening van de gangbare economie, en buiten de gevestigde kaders kunnen denken. Dat is maar goed ook, want we kunnen niet zonder hun hulp. Ze zullen in eerste instantie onmisbaar zijn voor het overwinnen van de barrière die de financiële sector beschermt. En ze zullen onmisbaar zijn als die barrière is geslecht en de strijd moet worden aangegaan met de belangen die zoveel profijt trekken van het huidige systeem.

De Nederlandse econoom en monetair deskundige Roelf Haan, geldhervormer van het eerste uur, denkt dat vooral universitaire

---

[29] Volksvertegenwoordiger Dennis Kucinich van Ohio legde in 2011 een wetsvoorstel, de "National Emergency Employment Defense (NEED) Act", voor aan het Amerikaanse Huis van Afgevaardigden. Een onderdeel van dit voorstel, uitgewerkt met steun van het American Monetary Institute, is monetaire hervorming gebaseerd op het Chicago Plan uit de jaren dertig van de vorige eeuw.

economen hierbij een rol kunnen spelen.[30] Dit omdat zij volgens Haan onafhankelijker kunnen zijn in hun denken dan hun collega-economen bij overheid en bedrijfsleven.[31] Haan ziet als taak voor universitaire docenten en onderzoekers de publieke opinie en beleidsmakers te onderwijzen, ook als ze daarmee het risico lopen dat hun advies zal worden verworpen.

Laten we hopen dat academische en andere economen de handschoen van Haan oppakken en hun bijdrage leveren aan het overtuigen van onze politici dat de hervorming van het geldsysteem niet alleen mogelijk maar vooral ook noodzakelijk is. Ook politici zullen daarvoor buiten de gebaande paden moeten treden. Politiek, stelt Haan dan ook in lijn met Friedman, moet niet alleen gezien worden als de kunst van het mogelijke, maar ook als de kunst om morgen mogelijk te maken wat vandaag onmogelijk lijkt te zijn.

---

[30] In zijn artikel *De relatie tussen de financiële sector en de reële economie*, https://docs.google.com/file/d/0B7iNQWnaw2FBUmxXWGdBdVI0bXM/edit. uit 2012 citeert Haan in dit verband uitspraken uit begin jaren zeventig van de vorige eeuw, van de bekende Belgisch-Amerikaanse autoriteit in de internationale monetaire economie Robert Triffin, hoogleraar aan de universiteit van Yale.

[31] Helaas is die onafhankelijkheid de afgelopen dertig jaar wel steeds meer in het gedrang gekomen door de door de overheid aangemoedigde steeds inniger banden tussen universiteiten en bedrijfsleven. Zo is de eerder genoemde nieuwe hoogleraar monetaire economie, Boonstra, naast hoogleraar ook werkzaam bij de Rabobank.

NAWOORD: GELDSCHEPPING EN DUURZAME ONTWIKKELING

Geldschepping voor duurzaam: een politieke keuze

In het voorgaande werd besproken waarom we moeten streven naar een nieuw geldsysteem en hoe zo'n systeem, met de staat als verantwoordelijke voor geldcreatie, er uit zou zien. Daarbij werd onderscheid gemaakt tussen uitgaven door de staat en uitgaven door burgers en bedrijven. In welke verhouding dat gebeurt is echter een politieke beslissing die los staat van de problematiek rond het geldsysteem. Met andere woorden, hoe de baten van publieke geldcreatie worden besteed is een politieke keuze.

Mensen en groeperingen die milieu, duurzaamheid, sociale rechtvaardigheid en verantwoordelijkheid voor komende generaties hoog in het vaandel hebben staan zullen er voor pleiten de baten vooral te besteden aan beleid dat daaraan bijdraagt. Dat betekent een grote rol voor de overheid. Maar er zijn ook mensen die vinden dat burgers en bedrijven geld verstandiger besteden dan de overheid, en dat de oplossing van maatschappelijke problemen het best kan worden overgelaten aan de markt. Zij zullen er naar streven zoveel mogelijk baten bij burgers en bedrijven terecht te laten komen, door belastingverlaging en wellicht een burgerdividend.

Zoals uit de hoofdtekst al wel duidelijk geworden zal zijn behoort de schrijver van dit boekje tot de eerste categorie: de baten van de hervorming van het geldsysteem, van publieke geldcreatie, zouden vooral geïnvesteerd moeten worden in duurzame ontwikkeling. Dit nawoord staat in het teken van die keuze, maar staat los van de noodzaak tot en voordelen van monetaire hervorming als besproken in de rest van dit boekje.

Zoals eerder aangegeven is publieke geldcreatie is een onmisbaar middel voor het realiseren van het doel van een ecologisch duurzame, sociaal rechtvaardige maatschappij. Dit omdat zonder dat middel overheden niet in staat zullen zijn te investeren op de schaal die nodig is. Anderzijds is publieke geldcreatie allerminst een garantie voor het tot stand komen van zo'n maatschappij. Daarom wordt er in dit nawoord nog apart aandacht besteed aan de relatie geldcreatie – duurzaamheid.

In dit nawoord wordt ook aandacht besteed aan de vraag of in het kader van de overgang naar een duurzame samenleving nu al gestreefd moet worden naar het stoppen van de economische groei en de overgang naar een "stationaire" economie (in het Engels: een "steady state economy"). Veel groepen die zich bezig houden met het milieu pleiten voor zo'n stop of zelfs voor krimp, anderen nemen een meer genuanceerd standpunt in. Dat laatste bestaat erin dat men geen economische groei in algemene zin meer voorstaat, dat wil zeggen, toename van de productie van alle goederen en diensten. Wel wil men selectieve groei: een toename van de productie van die goederen en diensten die het duurzaam gebruik van eindige natuurlijke hulpbronnen bevorderen of anderzijds goed zijn voor het milieu, en die bijdragen aan sociale rechtvaardigheid zonder daarbij een aanslag op het milieu te plegen. Dit soort groei wordt soms aangeduid met de term (economische) ontwikkeling, maar er is nog geen eenduidig taalgebruik.

Geldcreatie en niet-duurzame consumptie

Zoals al meerdere malen genoemd werd zou geldschepping door en voor de overheid het mogelijk maken het productief vermogen van de maatschappij optimaal te benutten voor de aanpak van de milieu- en sociale problemen waar we ons voor gesteld zien. De nieuwe investeringen en banen die daarvoor nodig zouden zijn zouden een eind maken aan de economische crisis. Aan deze strategie zit, vanuit het oogpunt van duurzaamheid, echter ook een groot risico. Dat bestaat erin dat we er wel voor kunnen pleiten dat het nieuw gecreëerde geld wordt ingezet voor investeringen in duurzaamheid en sociale rechtvaardigheid, maar dat politieke krachten die graag de rol van de overheid willen verkleinen, omdat ze geloven dat bedrijven en consumenten het geld verstandiger besteden dan de overheid, dat streven zouden kunnen dwarsbomen. Zij zouden er voor kunnen zorgen dat de baten van publieke geldcreatie en bankieren niet aan de staat toevallen maar direct ten goede komen aan burgers en bedrijfsleven. Dat zou kunnen door de belastingen fors te verlagen – een maatregel die bij een groot deel van de kiezers goed zou vallen en dus stemmen op zou leveren. Dit zou, zeker in de huidige omstandigheden, betekenen dat niet-duurzame consumptie fors zou toenemen, ten koste van het milieu en daarmee, van toekomstige generaties.

Zelfs al zou nieuw gecreëerd geld wel in de omschakeling naar een duurzame en meer sociale economie en maatschappij geïnvesteerd worden dan nog zou dat, zonder flankerende maatregelen, leiden tot meer niet-duurzame consumptie. Immers, de investeringen in duurzaamheid zullen leiden tot nieuwe banen, lonen en winsten. De werknemers en bedrijven die daarvan profiteren zullen daarmee gaan consumeren. Omdat vandaag de dag veel, zo niet de meeste consumptie niet duurzaam is zou dat leiden tot een toename van niet-duurzame consumptie. De bepleite verandering van het geldsysteem zou zo averechts uit kunnen pakken voor de hoognodige overgang naar een duurzamer economie.

Een totaalbenadering

Om te voorkomen dat een nieuw geldsysteem leidt tot nog meer niet-duurzame productie en consumptie is een totaalbenadering nodig. Het nieuwe geldsysteem en investeringen in duurzaamheid zouden moeten worden gecombineerd met regulering en een "groen" belastingsysteem waarbij duurzame investeringen en consumptie beloond worden en niet-duurzame ontmoedigd. Zo kan het gebruik van bibliotheken, theaterbezoek, openbaar vervoer en vervoer op de fiets aangemoedigd worden door subsidies, en het gebruik van personenauto's die op benzine of diesel rijden zwaarder worden belast. Tegelijkertijd kan onderzoek naar auto's die op (groene) elektriciteit, waterstof of andere duurzame brandstoffen rijden gestimuleerd worden. Ook kan de aanschaf van die auto's gesubsidieerd worden, zodat de overgang van niet duurzaam naar duurzaam rijden zo snel mogelijk plaats vindt. Daarbij moeten producenten worden verplicht die nieuwe auto's duurzaam te produceren, in die zin dat schaarse grondstoffen die worden gebruikt in productie en gebruik geheel kunnen en moeten worden teruggewonnen voor hergebruik.

Ook op andere gebieden is flankerend beleid nodig, zoals afspraken met de sociale partners om prijzen en lonen in de hand te houden.

Handelsafspraken zullen moeten garanderen dat zowel importen als exporten aan minimum regels voldoen wat betreft de behandeling werknemers, beslag op het milieu bij productie en transport, en mogelijkheden tot hergebruik. En om te kijken of de beoogde doelstellingen ook werkelijk bereikt worden zal economische en sociale ontwikkeling beter gemeten moeten worden, waarbij ook ecologische factoren worden meegenomen.[32]

Transitie naar duurzaam: met of zonder groei?

De meeste mensen en organisaties die een duurzame economie en maatschappij voorstaan pleiten voor transitie nu: hoe eerder hoe beter. We moeten nu een stap terug doen. Maak nu een einde aan de groei, en schakel over naar een stationaire economie.

Vanuit het oogpunt van het beslag op schaarse, eindige hulpbronnen snijdt dat hout. Maar als we nu, in het huidige economische systeem, de omschakeling maken blijven grote aantallen mensen werkeloos, want onze economie is daar nog totaal niet op ingericht. Anderzijds zijn er in minder ontwikkelde landen honderden miljoenen mensen die in grote armoede leven, net op of zelfs onder het bestaansminimum, en nog eens miljarden die daar net boven zitten.

Voorstanders van transitie nu stellen dat armoede in minder ontwikkelde landen opgelost moet worden door meer te delen met het zuiden: de taart moet eerlijker verdeeld worden. Dat is een idee waar in de praktijk in de rijke landen weinig handen voor op elkaar te krijgen zijn, zeker niet bij mensen met lagere inkomens. En ook veel mensen met hogere inkomens houden hun geld liever voor zichzelf en hun naasten – al is het maar vanwege de grote kans dat de overdrachten naar het zuiden niet bij de juiste mensen terecht komen. Dat is nu, bij de veel kleinere overdrachten in de ontwikkelingssamenwerking, vaak al het geval. Daarnaast heeft

---

[32] Het valt buiten het bestek van dit boekje om het beter meten van ontwikkeling hier verder uit te werken, maar er zijn veel groepen en organisaties mee bezig. Zie onder meer de website van het Platform Duurzame en Solidaire Economie, http://www.platformdse.org/wp-content/uploads/Brochure-Beter-Meten-van-Welvaart-en-Welzijn_PDSE_2012.pdf).

economische stagnatie of teruggang in de rijke landen grote economische consequenties voor het zuiden – ook die economieën zijn afhankelijk van groei, niet alleen in eigen land, maar vooral ook in die landen waar ze hun producten naar exporteren.

Eerst groei door investeringen, dan een stap terug

Een alternatieve strategie voor "stop groei nu" is om in eerste instantie een grote stimulans aan de economie te geven door het uitvoeren van een wereldwijd programma voor duurzame ontwikkeling. Dus niet terug in groei maar juist meer groei, maar dan wel groei die voortkomt uit de omschakeling naar een duurzame economie en een sociaal rechtvaardige maatschappij. Zo'n programma zal niet duurzaam zijn, in die zin dat er veel eindige hulpbronnen gebruikt zullen worden op een manier die niet oneindig door zal kunnen gaan. Maar dat hoeft ook niet: het is een investering die als zij eenmaal gedaan is sterk kan worden teruggeschroefd. Maatschappij en economie kunnen en moeten dan omschakelen naar een technologisch en gebruiksniveau waarbij niet méér eindige hulpbronnen gebruikt worden dan er vervangen kunnen worden.

Om te komen tot een duurzaam gebruik van hulpbronnen zouden investeringen worden teruggeschroefd, waarmee de hoeveelheid werk zou afnemen. Die afname zal waarschijnlijk ook al plaatsvinden door technologische ontwikkeling, vooral door automatisering. Het zou dan zaak zijn de overgebleven arbeid te verdelen, wat bereikt zou kunnen worden door arbeidstijdverkorting en daarmee, het delen van banen. Om te zorgen dat mensen ondanks minder arbeidsuren een acceptabel inkomen zouden houden zou dit goed gecombineerd kunnen worden met een basisinkomen.[33]

---

[33] Met het invoeren van een basisinkomen zou overigens niet gewacht moeten worden tot de overgang naar een "steady state economy": er zijn prima redenen om het zo spoedig mogelijk in te voeren. Zie voor een uitstekend leesbaar overzicht het boek van Rutger Bregman, *Gratis geld voor iedereen, en nog vijf grote ideeën die de wereld kunnen veranderen.* 2014, De Correspondent.

De noodzaak van groei door investeringen

De transitie naar een samenleving die op duurzame wijze gebruik maakt van haar hulpbronnen zal dus plaats moeten vinden volgens het concept "eerst-dan". Eerst ontwikkeling op zo'n schaal dat zij vanwege de daarmee gepaard gaande investeringen en economische activiteiten niet duurzaam is en dan, als daarmee het beoogde doel bereikt is, de transitie naar een duurzame economie en maatschappij. Eerst-dan is enerzijds nodig om de enorme veranderingen die nodig zijn voor het omschakelen naar een ecologische duurzame en sociaal rechtvaardige samenleving op een zo kort mogelijke termijn te bewerkstelligen. Over het feit dat daar haast bij is, met name wat betreft klimaatsverandering door het broeikaseffect, zijn de meeste deskundigen het wel eens. Anderzijds hebben we de morele verplichting de huidige geheel of gedeeltelijk werklozen, de mensen met lage inkomens in het noorden en zuiden, en degenen die in het zuiden laagproductieve en nauwelijks betaalde arbeid verrichten uitzicht te bieden op voldoende productief en redelijk betaald werk en zo, een beter bestaan. Het gaat niet aan om groei te stoppen als zij die die groei nog nodig hebben om hun levensomstandigheden te verbeteren en een menswaardig bestaan op te bouwen er nog niet van hebben kunnen profiteren. Wel moet dat dat betere bestaan bereikt worden met een ander soort groei: groei voortkomend uit investeringen in duurzaamheid en sociale rechtvaardigheid. Als door die duurzame groei enerzijds in alle basisbehoeften is voorzien (voeding, water en sanitair, huisvesting, een gezonde leefomgeving, onderwijs, gezondheidszorg), en als anderzijds de milieuproblemen adequaat zijn aangepakt, volgt de omschakeling naar een stationaire economie.

Samenvattend: om een sociaal rechtvaardige en ecologisch duurzame maatschappij te bereiken zal groei in eerste instantie nog nodig zijn. Maar wel een heel ander soort groei dan we nu hebben: gericht op duurzame, sociale ontwikkeling en niet, zoals nu, op nog hogere winsten en nog grotere welvaart voor hen die het al breed hebben, en nog meer niet-duurzame consumptie en productie.

ANNEX: NETWERKEN, LEZEN, EN KIJKEN

Hieronder volgen links naar organisaties die streven naar hervorming van het geldsysteem en naar enkele publicaties over de noodzaak tot hervorming van ons geldsysteem. De meest relevante zijn voorzien van een korte omschrijving van de inhoud.

ORGANISATIES

Positive Money, http://www.positivemoney.org/, opgericht in 2010 door Ben Dyson, is de internationaal toonaangevende Engelse organisatie voor hervorming van het geldsysteem. De missie van Positive Money is het veranderen van het geldsysteem in Groot Brittannië om zo een rechtvaardiger maatschappij en een stabielere economie te bewerkstelligen. Positive Money doet hiervoor onderzoek, publiceert, en lobbiet bij Brits parlement en regering. Voor de korte temijn pleit Positive Money er voor om de Bank of England geld te laten scheppen dat direct aan de overheid beschikbaar wordt gesteld voor investeringen in het algemeen belang, zoals voor energiebesparing en de opwekking van duurzame energie. De daarmee opgewekte economische activiteit zou een duurzame uitweg uit de crisis bieden. Dit zou een goed alternatief zijn voor de huidige "quantitative easing", dat er vooral toe leidt dat het nieuw geschapen geld in de speculatieve economie terecht komt, daarmee de basis leggend voor de volgende crisis. Op de website van Positive Money staat een reeks relevante, meest gratis te downloaden publicaties (zie ook hieronder) en video's.

De Positive Money website bevat ook een pagina met verwijzingen naar gelijkgestemde organisaties in andere landen, http://internationalmoneyreform.org/member-organisations/.

De Nederlandse tegenhanger van Positive Money is de Stichting Ons Geld, http://onsgeld.nu/, opgericht in 2012 door Luuk de Waal Malefijt (sinds april 2014 ook werkzaam voor Positive Money). De missie van Ons Geld is campagne voeren en druk zetten op de politiek om geldcreatie onder publiek bestuur te plaatsen, met als doel staatsgeld dat vrij is van schuld en rente en een einde aan geldcreatie door banken. Ons Geld stelt dat democratie en vrijheid nooit volledig gerealiseerd zullen zijn zolang de macht over geldcreatie in handen van private partijen blijft, en dat een publiek geldsysteem het mogelijk maakt publieke en private schulden drastisch te verminderen. Ook de website van Ons Geld bevat (links naar) een reeks publicaties en video's.

De New Economics Foundation ("Stichting voor een Nieuwe Economie"), NEF, http://www.neweconomics.org is een onafhankelijke Britse denktank die werd opgericht in 1986 als uitvloeisel van twee alternatieve economische topconferenties van de G8. NEF heeft zich ontwikkeld tot een toonaangevende Britse denktank voor de bevordering van sociale, economische en ecologische rechtvaardigheid. Het doel van NEF is een overgang teweeg te brengen ("The Great Transition") naar een nieuwe economie die werkt voor maatschappij en planeet. Dat gebeurt door gedegen onderzoek, het in de praktijk brengen van de ontwikkelde ideeën, en samenwerking met gelijkgestemde organisaties, nationaal en internationaal, om verandering te weeg te brengen.

De website Sovereign Money, http://sovereignmoney.eu/ opgezet door de Duitse economisch socioloog Joseph Huber, met nauwe banden met NEF.

Het American Monetary Institute, http://www.monetary.org/, opgericht in 1996, de grootste Amerikaanse organisatie op het gebied van monetaire hervorming. Houdt jaarlijkse conferenties, en werkt nauw samen met volksvertegenwoordiger Dennis Kucinich van Ohio. Hij legde in 2011 een wetsvoorstel voor monetaire hervorming aan het Amerikaanse Huis van Afgevaardigden voor, de National Emergency Employment Defense (NEED) Act. Het voorstel bevat een mede door het AMI ontwikkelde aangepaste versie van het Chicago Plan uit de jaren dertig van de vorige eeuw. In tegenstelling tot Positive Money maakt het AMI duidelijke keuzes over hoe het geld dat beschikbaar komt bij publieke geldcreatie besteed kan worden: aan hogere overheidsuitgaven voor ("eco-vriendelijke") infrastructuur, zorg en onderwijs.

Het Public Banking Insitute, http://PublicBankingInstitute.org, opgezet in 2010 door de Amerikaanse juriste Ellen Brown als uitvloeisel van haar onderzoek, begonnen in 2008, naar alternatieven voor de vormen van bankieren die de crisis van 2008 hadden veroorzaakt. Daarbij kwam ze uit bij publieke geldcreatie. Interessant: haar naspeuringen leidden haar naar de enige overheidsbank in de Verenigde Staten: de Bank of North Dakota, met een uitmuntende staat van dienst die 90 jaar terug gaat.

Het Platform voor Duurzame en Solidaire Economie, PDSE, http://platformdse.org/, is een Nederlandse organisatie die zich inzet voor een rechtvaardige en dienstbare economie die in balans is met het natuurlijk vermogen van de aarde. Het streven naar hervorming van het geldsysteem richting publieke geldcreatie wordt gezien als één van de middelen daarvoor. De missie van het PDSE is dus veel breder dan geldhervorming, en is meer in lijn met de in het nawoord van dit boekje genoemde totaalbenadering.

ARTIKELEN

Fundamentele fouten in financiële bestel - Geldschepping moet taak overheid zijn. http://onsgeld.nu/publicatie/fundamentele-fouten-in-financiele-bestel/, Financieel Dagblad, 12 mei 2012.

Klaas van Egmond en Bert de Vries (beiden verbonden aan het Sustainability Institute van de Universiteit Utrecht). Artikel dat duidelijk het verband aangeeft tussen de (te hoge) schulden van overheid en burgers enerzijds en het geldsysteem anderzijds, en de schuldspiraal die daaruit voortvloeit. Het beschrijft hoe geld gecreëerd wordt door private banken en hoe het huidige systeem inflatie in de hand werkt. En het geeft aan hoe het systeem een obstakel vormt voor een verantwoordelijk omgaan met natuurlijke hulpbronnen. Er wordt gepleit, als in dit boekje, voor de overgang naar een systeem waarbij geldcreatie door de overheid gebeurd, met de nodige garanties voor het binnen de perken blijven van de inflatie.

Geld is eigenlijk gewoon bankschuld
(http://www.duurzaamnieuws.nl/geld-eigenlijk-gewoon-bankschuld/), 2013.

In een artikel van minder dan 600 woorden op de website Duurzaam Nieuws beschrijft Martijn Jeroen van der Linden van Stichting Ons

Geld en het Platform Duurzame en Solidaire Economie hoe geldcreatie nu plaats vindt, de problemen die dit veroorzaakt, en de noodzaak van het openen van het debat over het alternatief: publieke geldcreatie.

De relatie tussen de financiële sector en de reële economie – Roelf Haan, 2012
(https://docs.google.com/file/d/0B7iNQWnaw2FBUmxXWGdBdVI0bXM/edit)

Dit artikel van 6 pagina's van monetair econoom Roelf Haan geeft een bondig overzicht van de voornaamste argumenten vóór de verandering van ons monetaire systeem. Het beschrijft de dualiteit van de huidige economie: de scheiding tussen de reële en de financiële sector, waarbij de financiële sector beoogt geld te verdienen aan en met geld; in de reële sector gaat het om bevrediging van reële individuele en collectieve behoeften. De reële economie worden belemmerd en ondermijnd door de financiële sector, door systeemkenmerken en het onverantwoordelijke gedrag van de hoofdrolspelers. Crises zijn inherent aan het systeem en geen natuurverschijnsel, geen tijdelijke economische "tegenwind". Onverantwoordelijk gedrag verergert de crises en leidt tot schulden die worden doorgeschoven naar overheden en daarmee de maatschappij als geheel.

Het artikel wijst er op dat de financiële economie volgens de gangbare economische theorie zelf geperverteerd is, omdat marktwerking in het tegenovergestelde resulteert van wat het zou moeten doen: transactiekosten worden gemaximaliseerd in plaats van geminimaliseerd, en er is een positieve in plaats van een negatieve respons op prijsstijgingen (als waardepapieren zoals aandelen duurder worden worden er meer in plaats van minder van gekocht). De markt heeft dus niet, als in de economische leer, altijd gelijk, in het financiële systeem functioneert marktwerking niet of geeft een tegengesteld effect van wat het zou moeten geven.

Het artikel kwantificeert de enorme baten die de banken, als geldscheppende instanties, verkrijgen door het privilege geld te mogen scheppen. Deze creatiebate of seigniorage komt tot stand omdat banken het voordeel hebben dat ze bij kredietverlening niet, zoals elke andere onderneming, het geld eerst moet verdienen of aantrekken op de financiële markten, maar het uit het niets kunnen scheppen door een simpele boekhoudkundige handeling. Het bankgeld, dat zo'n 97% van de totale geldhoeveelheid uitmaakt, is bovendien gekoppeld aan schuld en daarmee, aan rente.

Het artikel plaatst publiek geldcreatie in historisch perspectief en geeft aan dat vooral in de Verenigde Staten sinds de onafhankelijkheid eind 18^e eeuw de meest vooraanstaande politici en economen er al voor hebben geijverd het recht op geldcreatie te doen overgaan van private banken naar "het volk", ofwel de staat. Ook Haan stelt voor banken het recht op geldcreatie te ontnemen en een onafhankelijke monetaire autoriteit de maatschappelijke geldhoeveelheid te laten bepalen. Het bijbehorende voordeel van het toevallen van de creatiebate aan de staat zou in één keer het probleem van de overheidsschulden oplossen.

Wat bankiers zouden moeten weten. Ad Broere, 2014.
(http://adbroere.nl/web/nl/artikelen/wat-bankiers-zouden-moeten-weten.php)

Ad Broere, auteur van het boek "Geld komt uit het niets", geeft in dit artikel aan hoe geldschepping enorme financiële voordelen oplevert voor banken ten koste van burgers en bedrijven. Hij beschrijft hoe dit tot steeds verdere verschulding leidt, en hoe de inspanningen van de mensheid om de schulden met rente terug te betalen ten koste gaan van het milieu. Broere schetst verschillende oplossingen voor dit probleem, waaronder publieke geldschepping, en duidt de consequenties daarvan voor bankieren en rente.

Zie voor meer artikelen http://burgerinitiatief.onsgeld.nu/context

VIDEOS

Why is there so much debt?
(https://www.youtube.com/watch?v=lrQX4CF6Bxs)

Uitstekende, heldere video op Youtube van slechts 3 minuten van de Engelse organisatie Positive Money over de onhoudbare verschulding inherent aan het huidige geldsysteem en de noodzaak voor een nieuw systeem waarin geldcreatie een publieke zaak wordt.

Verplichte kost voor alle politici, economen, media en al diegenen die zich betrokken voelen bij het lot van maatschappij en mensheid. Kijk ook naar de Youtube suggesties in de kolom rechts, met een aantal andere interessante filmpjes.

http://www.publicbankinginstitute.org/victoria_grant.

Een twaalfjarige Canadese legt in minder dan zeven minuten uit hoe de Canadese burger door het bestaande geldsysteem wordt uitgebuit en hoe het anders kan: door het parlement voor publieke geldcreatie te laten kiezen.

Meer video's op http://onsgeld.nu/external-videos/, http://www.positivemoney.org/videos/, en http://www.publicbankinginstitute.org/videos.

Op de Positive Money-pagina onder andere een link naar de onafhankelijke documentaire 97% Owned. In deze documentaire van 130 minuten wordt op basis van interviews met economen, politici, voormalige bankiers en activisten getoond hoe het op schuld gebaseerd geprivatiseerde geldsysteem, met banken die geld scheppen in een op schuld gebaseerde economie, de ene na de andere crisis veroorzaakt en de huizenprijzen opstuwt.

BOEKEN EN RAPPORTEN

Modernising Money, Andrew Jackson & Ben Dyson, Positive Money, Londen 2013.

https://www.positivemoney.org/modernising-money/; gratis te downloaden samenvatting op http://www.positivemoney.org/wp-content/uploads/2013/01/Modernising-Money-Free-Overview.pdf

Dit boek biedt een gedetailleerde beschrijving van hoe het (Britse) geldsysteem kan worden hervormd met een volledige omschakeling naar een nieuw monetair systeem. Het boek begint met een korte geschiedenis van geld en beschrijft vervolgens het huidige geldsysteem en de gevolgen daarvan voor economie en maatschappij: economisch, sociaal en ecologisch. De groeidwang die inherent is aan het koppelen van geldcreatie aan schuld en daarmee, de noodzaak tot rentebetaling leidt tot het streven naar korte termijn winst in plaats van langere termijn maatschappelijke doelen. Dat leidt tot de niet-duurzame exploitatie van hulpbronnen en andere activiteiten die weliswaar winstgevend zijn maar geen sociaal nut hebben of zelfs tegenstrijdig zijn aan het algemeen belang. Het huidige geldsysteem legt enorme macht bij een kleine groep die geen verantwoordelijkheid draagt of verantwoording hoeft af te leggen aan de maatschappij.

De tweede helft van het boek geeft aan hoe het privilege van geldcreatie uit handen van de private banken kan worden genomen, zodat banken alleen kunnen werken met al geschapen geld. Dat kan door de verantwoordelijkheid van geldschepping te leggen bij een Geldscheppingscomité (Monetary Creation Committee). Nieuw gecreëerd geld kan daarna op verschillende manieren in de economie worden gebracht: door overheidsbestedingen, directe betalingen aan burgers, aflossing van overheidsschulden, en leningen aan bedrijven via het bestaande bankensysteem.

De voorgestelde hervorming zal leiden tot het eind van de financiële crisissen veroorzaakt door speculatie, stijgende overheidsinkomsten, afnemende schulden en daarmee schuldverplichtingen, en een stabiele geldhoeveelheid. Groeidwang verdwijnt en er komt veel meer ruimte voor investeringen in het milieu en sociale voorzieningen. Geldschepping wordt transparanter en de invloed van de financiële sector op maatschappij en politiek neemt af. Banken zijn niet meer "too big to fail", ofwel, hoeven niet meer te worden gered, maar kunnen failliet gaan als ze niet goed functioneren. Bankmanagement wordt eenvoudiger omdat alle investeringen voor bepaalde periodes of met opzegtermijnen worden gedaan. De hervormingen kunnen in één land, het VK dus, worden doorgevoerd zonder dat daardoor de nationale munteenheid verzwakt: het grotere risico is, volgens Positive Money, een toename van de waarde.

Sovereign Money, Paving the way for a sustainable recovery. Positive Money. http://www.positivemoney.org/wp-content/uploads/2013/11/Sovereign-Money-Final-Web.pdf

Gratis te downloaden rapport met een voorstel voor "Sovereign Money Creation" (SMC): het scheppen van geld door de (Britse) centrale bank dat direct aan de overheid beschikbaar wordt gesteld voor overheidsinvesteringen, belastingverlagingen en eventueel een eenmalige uitkering aan burgers (een "citizens' dividend"). Het rapport richt zich niet zozeer op een complete transformatie van het financiële systeem maar op de creatie van een instrument, SMC, dat tot een duurzaam herstel van de economie kan leiden in plaats van zoals nu, een tijdelijk herstel gebaseerd op nog grotere schulden. Ook op langere termijn kan SMC economische stagnatie en krimp voorkomen door de overheid de middelen te verschaffen om voor voldoende vraag naar goederen en diensten te zorgen. Het rapport geeft in detail aan hoe SMC in de praktijk gebracht kan worden en beschrijft duidelijk de te nemen stappen en de te verwachten voordelen en gevolgen. Het geeft ook aan hoe gevaar op misbruik door politici voorkomen kan worden: door de beslissingsbevoegdheid over de hoeveelheid te scheppen geld te leggen bij een monetair comité van de centrale bank dat geheel onafhankelijk opereert van regering en parlement. Regering en parlement beslissen over de besteding van het geld, maar zouden wel een concreet bestedingsplan voor moeten leggen aan het comité alvorens tot geldcreatie zou kunnen worden overgegaan. Geldschepping en besluitvorming over besteding worden dus strikt gescheiden. Het rapport geeft aan dat eenzelfde benadering is voorgesteld door vooraanstaande economen als John Maynard Keynes en Milton Friedman, en dat ook het Britse Ministerie van Financiën heeft aangegeven dat financiële autoriteiten overheidstekorten kunnen financieren door geldcreatie. Anderzijds citeert het rapport de voormalige Britse centrale bank president Adair Turner die in een toespraak in 2013 refereerde aan het taboe in economische kringen op de idee van publieke geldcreatie voor de financiering van staatsuitgaven.

Creating a Sovereign Monetary System. Positive Money, 2014.

http://2joz611prdme3eogq61h5p3gr08.wpengine.netdna-cdn.com/wp-content/uploads/2014/07/Creating_a_Sovereign_Monetary_System_Web20130615.pdf

Gratis te downloaden rapport met een uitgewerkt voorstel voor monetaire hervorming: de overgang naar een "sovereign money system" waarbij het recht op geldcreatie uitsluitend voorbehouden is aan de staat en banken niet langer geld kunnen scheppen middels kredietverlening. Het rapport is voor een belangrijk deel gebaseerd op het boven beschreven boek *Modernising Money*.

Creating New Money, Joseph Huber and James Robertson, 2000. New Economics Foundation;
http://www.neweconomics.org/publications/entry/creating-new-money

Dit (gratis te downloaden) boek/rapport van de NEF van vóór de economische crisis bespreekt uitvoerig de verschillende aspecten van wat de auteurs omschrijven als "seignoriage reform". Seignoriage is het recht om geld te scheppen en de baten daarvan te incasseren. Het boek beschrijft het belang en de voordelen van het ontnemen van het recht op geldcreatie van private banken en het toewijzen van het recht aan een publieke instelling, de centrale bank, zodat de baten van seigniorage toevallen aan de maatschappij als geheel. Nieuw geld zou schuldvrij in omloop moeten worden gebracht door overheidsuitgaven, en dus niet als nu door kredietverlening door commerciële banken. Het boek geeft de stappen voor de hervorming aan, de rollen van verschillende instanties, en bespreekt welke landen haar zouden kunnen ondernemen. Ook wordt aangegeven wie er bij zouden winnen en wie verliezen: zowel de economische, sociale en ecologische voordelen als die voor overheidsfinanciën, huishoudens en bedrijven worden beschreven.

The Chicago Plan Revisited - Jaromir Benes and Michael Kumhof. IMF Working Paper WP/12/202

http://www.imf.org/external/pubs/ft/wp/2012/wp12202.pdf

Deze meerdere malen in dit boekje geciteerde publicatie van het Internationaal Monetair Fonds (IMF) "test" het plan voor publieke geldcreatie uit de jaren dertig van de vorige eeuw: het "Chicago Plan", genoemd naar de universiteit waar de bekendste voorstanders werkten. Het Plan beoogt het overdragen van de verantwoordelijkheid of beter, het privilege van geldcreatie van private banken naar de overheid. De functies van geldschepping en kredietverlening, toen en nu beiden voorbehouden aan private banken, zouden zo gescheiden worden. Het voorstel werd destijds breed gedragen door een grote groep economen, waaronder de meest vooraanstaande van die tijd. Het plan werd dan ook bijna wet en zou geïmplementeerd zijn door de Amerikaanse regering onder president F.D. Roosevelt, maar de bankenlobby wist dit uiteindelijk toch te voorkomen.

Voor de niet-specialist is het interessante van de publicatie niet zozeer het wiskundig-modelmatig testen van de aannames over de voordelen van het plan als de korte beschrijving van de geschiedenis van het geld, van verschillende financiële systemen, en van voordelen en nadelen van die systemen. Uit die analyse blijkt dat juist systemen gebaseerd op geldcreatie door private banken veelvuldig tot kleinere en grotere crises leiden, tot en met periodes met hyperinflatie. Ook de beruchte Duitse hyperinflatie van de jaren twintig van de vorige eeuw kwam vooral tot stand door speculatie van private banken, met steun van een centrale bank die kort tevoren onder aandrang van de geallieerde winnaars van de Eerste Wereldoorlog was geprivatiseerd.

Het rapport beschrijft ook hoe door de eeuwen heen publiek geldcreatie de regel is geweest en in de meeste gevallen goed gefunctioneerd heeft. Men geeft ook tips om dat te bevorderen: 1) Laat het geldsysteem niet beheren door een veroordeelde misdadiger, zoals John Law in Frankrijk van 1717 tot 1720, 2) Begin geen oorlog, of als je hem begint zorg dan dat je hem wint. Samenvattend in het Engels: *"To summarize, the Great Depression was just the latest historical episode to suggest that privately controlled money creation has much more problematic consequences than government money creation. Many leading economists of the time were aware of this historical fact. They also clearly understood the specific problems of bank-based money creation, including the fact that high and potentially destabilizing debt levels become necessary just to create a sufficient money supply, and the fact that banks and their fickle optimism about business conditions effectively control broad monetary aggregates. The formulation of the Chicago Plan was the logical consequence of these insights."* Waarbij als voornaamste probleem wordt aangegeven dat in goede tijden te veel geld wordt gecreëerd, wat leidt tot speculatieve luchtbellen en crises. In slechte tijden daarentegen wordt te weinig geld geschapen doordat private banken hun kredietverlening inperken juist als die het hardste nodig is om de economie er weer bovenop te helpen. De niet-technische delen van dit rapport zouden een "Must read"moeten zijn voor alle economen, bestuurders, politici en journalisten die zich met economische en financiële onderwerpen bezig houden.

TECHNISCHER PUBLICATIES

Money creation in the modern economy. Michael McLeay, Amar Radia and Ryland Thomas, Bank of England (2014).

http://www.bankofengland.co.uk/publications/Documents/quarterlybulletin/2014/qb14q102.pdf

In dit artikel van de Engelse centrale bank wordt uitgelegd hoe het merendeel van het geld in de moderne economie wordt gecreëerd door commerciële banken, door het geven van leningen. Het ontzenuwt daarmee de populaire misvattingen dat banken slechts als tussenpersoon optreden door het uitlenen van spaargeld, of het doorsluizen van geld verschaft door de centrale bank. Het artikel geeft aan dat de hoeveelheid geld die in de economie terecht komt uiteindelijk afhangt van het monetaire beleid van de centrale bank, met als instrumenten de rentevoet en kwantitatieve verruiming ("quantitative easing").

Where does money come from? Tony Greenham & Josh Ryan-Collins, New Economics Foundation, 2012.

http://www.neweconomics.org/publications/entry/where-does-money-come-from

In lijn met de titel geeft dit boek een gedetailleerde beschrijving van hoe ons huidige geldsysteem werkt, met name het feit dat de hoeveelheid geld voornamelijk bepaald wordt door de vraag van kredietnemers. Het boek geeft een overzicht van de geschiedenis van geld en bankieren, beschrijft het huidige systeem, regulering van geldcreatie en -distributie, en overheidsfinanciën en buitenlandse valuta. In de conclusies worden aanbevelingen voor regulering en hervorming van het systeem gegeven.

De Geldscheppingsparadox, Mark Cliffe & Teunis Brosens, ING, 2014.

https://www.ing.nl/Images/ING_EBZ_Geldscheppingsparadox_tcm7-162773.pdf

Dit artikel van het Economisch Bureau van ING plaatst vraagtekens bij de aanname dat banken geld scheppen uit het niets. Dat geldt, zo stellen de auteurs, wel voor de sector als geheel maar niet voor individuele banken. Die moeten voor iedere lening financiering zoeken, vanwege de noodzaak reserves aan te houden zodat klanten hun tegoed direct op kunnen nemen. Het artikel concludeert dat banken niet onbeperkt geld kunnen scheppen (hetgeen door weinigen ontkend zal worden), dat geldschepping geen doel is voor banken maar een bijproduct van de bancaire bedrijfsvoering, en dat niet ieder krediet uiteindelijk in nieuw geld resulteert (sommig krediet wordt gebruikt om ander krediet af te lossen, waarbij geld vernietigd wordt). De auteurs concluderen dat geldschepping en kredietverlening groei en welvaart mogelijk maken, erkennen dat het wel mogelijk om teveel van het goede te hebben en dat het vermogen van banken om de juiste kredietbeslissingen te nemen in de schijnwerpers staat, en verklaren dat er een consensus aan het ontstaan is dat het "macroprudentieel" toezicht verfijnd moet worden.

Full Reserve Banking. An analysis of four monetary reform plans. Study for the Sustainable Finance Lab, Charlotte van Dixhoorn, 2013.

http://sustainablefinancelab.nl/files/2013/07/Full-Reserve-Banking-Dixhoorn-SFL.pdf

Dit rapport bevat de bevindingen van een onderzoek naar monetaire hervorming verricht in opdracht van het Sustainable Finance Lab, onderdeel van het Utrecht Sustainability Institute van de Universiteit van Utrecht. Voor het onderzoek zijn een groot aantal deskundigen van zeer verschillende pluimage, waaronder zowel voor- als tegenstanders van monetaire hervorming, geïnterviewd. De studie geeft een overzicht van en vergelijkt vier voorstellen voor monetaire hervorming, waaronder het Chicago Plan en het plan van Positive Money waaraan ook dit boekje refereert. De studie concludeert dat het twijfelachtig is of een systeem van publieke geldcreatie als voorgesteld door Positive Money ook daadwerkelijk de voorgestelde effecten en voordelen zal hebben, en ziet ook risico's en nadelen. De daarvoor gepresenteerde argumenten worden echter niet of nauwelijks onderbouwd, terwijl anderzijds de nadelen van het huidige systeem nauwelijks aan de orde komen.

Helaas wordt niet duidelijk aangegeven waar de conclusies van het rapport op gebaseerd zijn, maar het laat zich raden dat het een soort samenvatting is van het brede scala aan meningen afkomstig van de voor de studie geïnterviewde deskundigen. Daar zitten uiteraard veel gevestigde economen onder, en de kritische houding ten aanzien van monetaire hervorming en de oproep tot meer onderzoek ("full reserve banking is een waardevol onderwerp van onderzoek in een poging een nieuw structuur voor ons geldsysteem te vinden") wekt dan ook geen verwondering. Concluderend: de zware vertegenwoordiging conventioneel denkende economen onder de voor de studie geïnterviewden heeft helaas geleid tot een slecht onderbouwd in twijfel trekken van de voordelen van monetaire hervorming (vooral de kritiek op het model van Positive Money is uiterst zwak) en het onvoldoende erkennen van de nadelen van het huidige systeem. Een wellicht onvermijdelijk resultaat gezien de opzet van de studie en de gekozen methode. De studie is vooral toegevoegd aan deze lijst van publicaties vanwege de vergelijking van vier verschillende benaderingen voor monetaire hervorming en omdat het een goede illustratie is van het obstakel dat de gangbare economie en haar beoefenaars vormen voor monetaire hervormin

www.ingramcontent.com/pod-product-compliance
Lightning Source LLC
Chambersburg PA
CBHW072230170526
45158CB00002BA/836